神《かみ》恐《おそ》ろしや

宮司が語る
神社をめぐる
不思議な話

伊豆山神社宮司
三浦利規

PHP研究所

伊豆山神社里宮

祓《はら》へ給《たま》へ清《きよ》め給《たま》へ
守《まも》り給《たま》へ幸《さきは》へ給《たま》へ

邪悪な罪・穢《けが》れを、祓い清めてください。
どうか、邪気からお守りください（略拝詞）

伊豆山神社本宮登り口

はじめに

誰にも一つや二つ、忘れられない子ども時代の思い出があるものですが、私にも一つ強烈な記憶があります。小学一年生のときの出来事でした。

「としのりちゃん、あなたの前世は青しし（ニホンカモシカ）よ。昔、伊豆山に棲んでいた青ししが生まれ変わったンさ」

と、じっと私の目をのぞき込みながらささやいたのは、ここ秋田で〝神さん〟と呼ばれているイタコのような年配の女性霊能者でした。さらにつづけて、低い声でささやきました。

「伊豆山神社の奥宮がある伊豆山には、昔、青ししがたくさん棲んでらったんだ。その青ししを、あなたの家のご先祖さまが代々、神さまのお使いとして守ったンさ。そこで、感謝した青ししの長老が神社を守護するため、宮司の子に転生《てんしょう》したの。それがあなた。だから、としのりちゃんがお父さんのあとを継いで禰宜《ねぎ》さんになることは、前世からの決まり事なンさ」

私の幼い魂は金縛りに遭《あ》ったように、まばたき一つせず、じっと私を見つめる彼女の目にさらわれ、スーッと吸い込まれそうになりました。

幼くて前世の意味もよくわからなかった私ですが、彼女の言葉にただならぬものを感じ、本能的にこのことを人に言ってはならないと思い、小さな胸の奥に封印しました。

神さんの言葉の真偽はわかりません。

しかしその後私は、神さんの言葉に暗示を受けたのでしょうか、まるで、カモシカのように山野を駆けめぐるのが好きな少年に育ちました。長じて大学では地理を専攻し、現在は各地の神社を訪ねて日本中を歩き回っています。

そして、神にかしずく神職という仕事柄、不思議な話を聞くことが多く、私自身もいくたびか、ミステリーのような体験に心を震わせてきました。もしかするとこれは、かつて神さんがささやいた私の「前世」と関係があるのではないかと、眠れない夜もあります。

神道《しんとう》には前世やあの世などの教えはありません。しかしながら女性霊能者が告げたような不思議な話や、神社をめぐる怪異が昔から語られ、紡《つむ》ぎ出されてきました。思えばそれは、神社が「見えざる力」を畏《おそ》れて崇《あが》め、敬《うやま》う場所だからかもしれません。

目に見えるものがすべてではない――と思いませんか。

私たちを取り巻く、人智を超えた見えないものの存在を感じとることが大事です。一流棋士が人工知能に負ける時代――。しかしＡＩやロボットとは違い、人間には目に見えないものを感じ、畏れ、想像する素晴らしい能力が備わっています。

不安は気づかないうちに、誰の心にも影のように寄り添っているもの。怪異は不安という母親、恐怖という父親から生まれた子どもと言えるでしょう。そこで思い切って、広く多くの方に知っていただくため、これらの不思議な話を集め一冊にまとめてみました。

中国で儒教の教えを説いた孔子は「怪力乱神《かいりょくらんしん》」(道理では説明できない不確かなこと)を語らなかったそうですが、常識やモラルでは測れないような怪異な話の中にこそ、隠された人間の本音や業《ごう》、さまざまな思いが込められているはずです。

見えないものや、不思議なことを感じる感性や想像力を大事にすることで、きっと人生がよりしなやかに、豊かになるでしょう。

最後になりましたが、本書の刊行にあたりご尽力いただいたＰＨＰ研究所の阿達ヒトミさん。フリー編集者の宣田陽一郎さんとデザイナーの矢尾信康さん。装幀の根本佐知子さんと装画を描いてくださった小林達介さん。そして、情報をお寄せくださいました皆様に心より感謝申し上げます。

平成三十年五月　吉日

伊豆山神社宮司
三浦利規

目次

三章　神上《かむあ》がれず、さ迷うもの　89

四章　東北・みちのくの怪異　125

装幀・根本佐知子　装画・小林達介

＊参考文献

『**神社は警告する**』（高世仁、吉田和史、熊谷航、講談社）
『**日本人の禁忌**』（新谷尚紀、青春出版社）
『**日本人の祭りと呪い**』（三浦竜、青春出版社）
『**山岳信仰**』（鈴木正崇、中央公論新社）
『**山の宗教 修験道案内**』（五来重、角川学芸出版）
『**神道事典**』（國學院大學日本文化研究所編　弘文堂）
『**日本史広辞典**』（日本史広辞典編集委員会編　山川出版社）
『**平将門魔方陣**』（加門七海、河出書房新社）
『**大江戸魔方陣**』（加門七海、河出書房新社）

＊写真提供

人形供養・本寿院（東京大田区）
株式会社相模地水（小田原市）
日本呪術協会（京都市）
三浦利規
PIXTA
Nobuyasu Yao

一章　魔界への入り口

呪いが成就する育霊神社《いくれいじんじゃ》の話

六年前に知人から聞いた話です。

六月のある週末、岡山県新見《にいみ》市の育霊神社に三十代の林さん夫婦がお参りをしました。わざわざ名古屋からやってきた二人の目的は、行方不明になっている飼い猫「サクラ」の無事と、一日も早い帰宅祈願でした。

サクラは奥さんが独身時代から飼っていた四歳の雌猫で、出張で家を空けがちな林さんの留守の間、奥さんの気持ちを和ませてくれる子どものような存在。ところが、そのサクラが七日前から行方不明になりました。

奥さんがマンションのドアを開けた一瞬の隙に外に出たのです。二人で近所に手作りのちらしを貼って回りましたが、見つかりません。

サクラを心配して夜も眠れない妻を気づかい、「気分転換にどこかへ一泊旅行しよう」と林さんが誘ったところ、奥さんが「猫守り」の神社として前から聞いていた育霊神社に、サクラの無事をお願いしたい……と訴えたのです。

ご存じの方もいらっしゃるかもしれませんが、育霊神社と言えば、昔から「丑《うし》の刻参《こくまい》り」で名高い神社。真偽のほどはともかく、一部の心霊マニアの間では「呪いの神社」として知られたお宮なのです。過去何回か、怪談シーズンの夏に興味本位のテレビ番組で紹介されてきました。さらには、「猫守り」のお宮としても愛猫家には有名です。

六月の土曜日、新幹線岡山駅経由で芸備《げいび》線の野馳《のち》駅に林さん夫妻が降り立ちました。名古屋の自宅を朝八時に出て新幹線で岡山に向かい、岡山と広島の県境にある野馳駅に着いたのは昼過ぎ。岡山もここまで奥へ入ると陸の孤島という感じで、昭和初期の面影を残す木造の小さな駅舎がぽつんとあるだけです。

二人は徒歩一時間という、育霊神社の登山口までタクシーに乗りました。

「育霊神社に猫の無事をお願いに行くんですけど、ご利益《りやく》はありますか？」

と奥さんが、六十代ぐらいの実直そうなタクシーの運転手さんに聞くと、

「依玉姫《よりたまひめ》の猫の話じゃな。そんなお人がたくさん見えるからね、でもご利益があるンか、わしにはようわからん。わからんですンません」

という返事です。そしてさらにつづけて、

「奥宮のある山は猫山と呼ばれておって、山ン中にたくさん猫の置物があるらしいンよ。でも奥宮は山中にあるで、登るのは一苦労じゃけ」

と答え、話し好きらしくさらに、

「あそこへは、地元のもんは行かン。呪いのお宮じゃけ。今でも奥宮あたりの大きな木には、呪いのわら人形を釘で打ちこむ者がおって、ときどき禰宜《ねぎ》（神職の呼び名のひとつ）さんが取り除いていているらしいですわ。たまに、リュックを背負った若い娘さんが行きなさるけど、あれがそうじゃな。皆、暗い顔しとる。ぼっけぇ、きょうてぇ（とても怖い）」

と、ハンドルを握りながら問わず語りに話したそうです。

二人が運転手の話に驚いているうちに、やがて、「はい、着きましたがな」という言葉とともに、車は「出雲大社野馳教会・育霊神社」と書かれた看板の前で止まりました。すぐ先に「育霊神社参道入り口　徒歩三十分」の標識が立っています。

「お気をつけてな」という運転手の言葉に送られて二人が車の外に出てみると、あたりは人里離れた寂しい山の中。呪いの儀式が行われるのにふさわしい雰囲気です。

「うわ〜、寂しいとこだね」

「ほんとにそうね。誰もいなくて、怖いわ」

と二人は思わず身を寄せ合いました。

週末土曜日の昼だというのに参詣人の姿もなく、あたりはシーンと静まり返っています。看板の先に、育霊神社へつづく道がのびています。二人は案内板の横を通り、折れ曲がった車道を進むと、やがて前方にひっそりと建つ神社の里宮が見えてきました。

二人は室町時代創建という、古びた風情のある里宮に参拝しました。拝殿は簡素な造りです。しかし出雲大社の末社ということからか、注連縄《しめなわ》は大社独特の立派なもので、俵《たわら》のようなものが注連縄に三つ下がっています。

お賽銭《さいせん》箱が置かれた木の階段の先に拝殿のガラス戸があり、のぞいても暗くて内部の様子はよくわかりません。ただ何か、他の神社にはないような独特の雰囲気がありました。

「ねえ、ここには何かあるわよ、あなた感じない？」

と、奥さんが低くささやきました。

「う〜ん、普通の神社とは少し違うね。何かが迫ってくる感じがするよ……」

二人は手を合わせ、サクラの無事を祈願しました。拝殿の隣には社務所のような建物がありますが、戸が閉まっていて、ご朱印やお守りも見当たりません。

「どうする、奥宮まで行ってみる？」と林さんが聞きました。すると奥さんは、「せっかくだから行きましょうよ。奥宮が猫守りのお宮だっていうから」と答えました。

そこで二人が、育霊神社参道入り口の標識に導かれて民家の脇を上がっていくと、道端に、「日没後の参拝を禁ずる」と書かれた看板が立っていたのです。きっと、昔から行われてきた「丑の刻参り」のことを言っているのでしょう。

さらに上がっていくと、薄暗い山を背にして立派な石の鳥居が建っています。鳥居の先には草が茂った、とても参道とは呼べないような急な山道がのびていました。二人が夏草をかき分けながら少し登ると、まさか丑の刻参りのためのものではないでしょうが、壊れて今は使われていないような背の高い灯籠が点々とつづいています。

夏草が茂った急斜面を息を切らして登りながら、林さんが「どうしてここが丑の刻参りや、呪い願掛け、猫守りの神社なんだい？」と聞きました。

すると奥さんが、次のように語ったのです。

＊＊＊

——今より七百年前の鎌倉時代の末。

このあたりを治めていた武将・斉藤尾張守影宗《かげむね》が領地争いに敗れ、影宗の娘・依玉姫《よりたまひめ》とそ

林さん夫婦が訪れた育霊神社里宮

二人はこの鳥居をくぐって参道を上がっていった

の愛猫が山中に身を潜《ひそ》めた。お腹をすかせた姫のため、食べ物を探しに里まで下りた猫は敵兵に見つかり殺され、猫の死を知った姫も哀しみのあまり自害して果てる。

娘の死を嘆いた影宗は姫と猫の霊を祀《まつ》る祠《ほこら》を建て、祠の前で敵を呪う呪術を行った。すると恐ろしいことに、猫を殺した兵が次々と狂い死にしたという。

それ以来、ここは呪いが成就する神社として信仰を集め、今でも山中の木にわら人形を打ちこんで呪詛《じゅそ》する者が絶えない。山城があった山頂には育霊神社が建てられ、現在は奥宮となっている。さらには、依玉姫が愛猫を可愛がっていたことから、神社は「猫守り」のお宮として行方不明の愛猫探しや、猫の病気平癒をお願いする人たちが訪れる聖地になった――。

こう語り終えた奥さんは、のどが渇いたのか足を止めペットボトルの水を飲みました。

「じゃ、その影宗という武将が行ったのが呪いの儀式『丑の刻参り』だったのかな?」と林さんが聞くと、奥さんは、

――そこまではわからないけど、「丑の刻参り」は奈良時代から行われていた呪詛の呪術なの。絶大な効果があるとされ、とても怖れられたのよ。呪われるとだんだんやせ細り、高熱が出て苦しみ、最期は狂い死にすると信じられてきた。

元々は京都の貴船神社が発祥の地。言い伝えによると神代のころ、丑の年の丑の月、丑の

日の丑の刻に、貴船明神が貴船山に降臨したという伝承から生まれたの。

科学が発達していなかった昔は祈祷《きとう》や怪しい呪術、占いが信じられていた。人は弱いから病気になったり悩みがあると、神仏への祈祷や呪術にたよったのよ。特に「丑の刻参り」は男女関係の呪術として、日常的に行われていたみたい。女性からの、自分を裏切った憎い男に対しての復讐だったのね。

夢枕獏の小説『陰陽師』にも「鉄輪《かなわ》」として描かれているわ。人が寝静まった丑の刻（深夜一時～三時）に、白装束《しろしょうぞく》に火の点《つ》いたロクソクを立てた鉄輪（五徳と呼ばれる三本の脚が付いた、火の上に置いてお湯などを沸かす鉄製の輪）をかぶり、裸足で神社に詣でるの。

そして神社のご神木に、憎い相手に見立てたわら人形を五寸釘で打ちこむのよ。心臓めがけて、呪いの言葉を唱えながらね。これを毎夜七日間つづけると満願になり、相手が死ぬの。ただし、その姿を人に見られると呪いが破れてしまうので、人が来ない山奥の神社が選ばれた。

日本各地で行われてきたけれど、貴船神社が一番有名ね。そして、ここ育霊神社も影宗の呪いが成就したことから、貴船神社と並ぶ「呪い願掛け」の場所になったみたいよ。

もうどこでも「丑の刻参り」は行われなくなったけど、ここ育霊神社の奥宮では今でも時々、太い木に打ちこまれたわら人形が見つかるの。

鳥山石燕『今昔画図続百鬼』

数年前の元旦、土地の人が初詣に上がっていくと、清め堂のあたりの林でわら人形が見つかり、宮司さんが持ち帰ったみたい。山中に立つ杉の大木には釘を打ったような穴がたくさん空いていて、ぞっとする。

今でも神社の宮司さんが定期的に見て回ると、たまにわら人形が見つかるらしいの。見つけた人形は木から取り外して、宮司さんが呪いを解いている。相手に掛けた呪いと、呪った本人が呪縛《じゅばく》から解放されるように、って祓《はら》っているらしいわ。

社務所が保存している〝呪物《のろいもの》〟と書かれた箱には、幾体ものわら人形が入っていて、昔見つかった人形の方がリアルで怖いって。ここは人の来ない山の中なので、人知れず呪いを掛けるのに都合がいいのね。

最近はわら人形や五寸釘が入った「丑の刻参りセット」みたいなものが通販で売られているから、それを使って呪いを掛けにくるのよ。タクシーの運転手さんが、「リュックを背負った、暗い顔した若い娘が来る」って言ってたじゃない。怖いわね。杉の木にある釘の穴は、全部が女性の背の高さだって――。

と話しながら、二人は急な山道を上がっていきました。

下の案内看板には「三十分」とあったのに、初めての急な山道はそれ以上かかる気がします。だいぶ登ったころ、休息所のような建物が見えてきました。

ボロボロに朽ち果てた建物には「清め堂」と書いてあるので、ここが結界となって下と上の世界を分けているのでしょう。心身の穢《けが》れをここで落とし、清らかな身となる場所なのです。しかし参道を挟んで左右にある木のベンチは腐り、ぽっかりと大きな穴が空いています。

「ここからいよいよ神さまの世界なんだ」「そうね、もうすぐよ」

二人は足を休め、一息入れました。しかし残念ながら、山は木々におおわれて眺望はまったくありません。あたりには熊笹と夏草が茂り、登ってきた急な参道は草の中に消えています。一息入れた二人がさらに夏草をかき分けて登っていくと、前方の急斜面に、山頂から転がり落ちてきたような巨石が見えました。

その大きさに驚きながら岩を見上げると、巨石の上からうずくまった猫の石像が二人を見下ろしています。依玉姫が可愛がっていた猫の石像でしょうか……。鉄製の小さな鳥居も建っていました。

「見て、猫よ」と、奥さんが指さしました。

巨石のうしろに回ってみると岩の上は平らで、そこに丸みを帯びた猫がうずくまっていました。いつごろ作られたのかわかりませんが、この山に依玉姫とその愛猫が祀られていることは間違いないようです。

巨石を過ぎて少し登ると、やっと山頂らしく、空が見えてきました。

左手の草むらに「育霊神社」と書かれた立派な石柱が建ち、参道の先に奥宮の屋根がのぞいています。道脇の熊笹の中で狛犬がこちらを凝視していますが、よく見ると、気のせいか顔や体つきが丸く、猫っぽいのです。狛犬というより狛猫と呼んだ方がふさわしく、やはりここは猫神社のようです。

やがて最後の石段を上がるとそこが頂上で、黒々とした無人の奥宮が姿を現しました。

「着いたぞ、お疲れさん」「やったあ！」

喜びの声を上げる二人の前に、「呪いが成就する」という育霊神社の奥宮が、杉林を背にひっそりと建っていました。

標高五一一メートルの頂上は平らで、杉を中心にした木々が茂り、昼間でも薄暗い雰囲気。夏の昼間だというのに、杉林から漏れてくる日ざしは弱く、あたりはひんやりとしています。

奥宮の建物は古く、今にも崩れそうです。里宮に下がっていた大きな注連縄はなく、入り口正面にはガラス戸が閉まっています。

「お参りして、サクラの無事をお願いしましょうよ」

と二人は並んで手を合わせ、一日も早くサクラが元気でもどってくるよう祈願しました。

そしてガラス戸ごしに内をのぞいてみると、薄暗くがらんとした中央に祭壇があり、古びた猫の絵が飾られ、絵の左右に陶製の猫が置かれていました。

「やはり猫が祀られているのね。来てよかったわ」

と奥さんが喜びました。

その後、何気なく二人が社殿のうしろに回ってみると、雑木林を背にしてひっそりと小さな祠が祀られています。祠は金属製でお宮の形をしています。そして祠の手前に、猫の顔が彫られた石像が祠を守るように置かれていたのです。

猫の顔かたちは風化して崩れはじめていました。

「まあ、見て。これ、猫の姿をしたお地蔵さまみたい」

奥さんが驚きながら祠に顔を寄せて内をのぞくと、中には横向きに座って上を見上げた猫の石像があったのです。目の釣り上がった表情がとてもリアルです。

「この猫、怖いね」と林さんがささやきました。

「なにかを呪っているみたいね。姫を守っているのかしら」

山頂に黒々とうずくまる育霊神社奥宮

さらによく見ると社殿の真裏に小さな木の祠が祀られ、祠の中に猫の置物が五つ並んでいました。真ん中に招き猫、左右に小さな猫が置かれ、その背後に「玉依姫霊璽《たまよりひめれいじ》」と書かれた、日本神話の女神を祀る木札が立てかけられていたのです。

今でも姫の霊を猫が守っていて、依玉姫と愛猫の哀しい言い伝えは事実のようでした。だとすれば、猫を殺した兵が呪われたという伝承もほんとうで、やはりここは〝呪いの神社〟なのかもしれません。

しかし猫は執念深いとされることから、猫を祀った神社ということで、粘り強く生き抜けるように出征兵士やその家族が無事の帰還を祈ってお参りし、賑わった時代もあったそうです。林さん夫妻は、祠の「玉依姫霊璽」の木札や猫地蔵に手を合わせ、もう一度サクラの無事を祈りました。

そして二人が社《やしろ》の正面にもどり、林さんがお宮の写真を撮っているときでした。

少し離れた場所から、「きゃ〜!!!」という奥さんの叫び声が聞こえ、さらにつづけて、「いや〜!!」という声が響きました。

林さんが叫び声のした方を見ると、社殿真横の林の中に奥さんの姿がありました。

「どうした!」と叫びながら林の中を走り下り、林さんは奥さんの側まで駆け寄りました。

奥宮の裏にある、猫の顔が彫られた猫地蔵

するると奥さんが杉の木に寄りかかり、真っ青な顔をしてわなわなと震えています。林さんが「どうしたの？」と声をかけると、奥さんが黙って隣に立つ太い杉の大木を指さしました。

「なに？」と見ると、太い幹に何かが紐で縛りつけられています。そして、反対側に回った林さんの目に飛びこんできたのは、見るのも恐ろしいものでした。

「あ、わら人形！」

二〇センチぐらいのわら人形が、首と脚を紐で木の幹に縛りつけられています。胴体に白い紙が貼り付けられ、胸に釘が打ちこまれていました。人に見つけられないように、「丑の刻参り」のわら人形が谷間側の杉の幹に打ちこまれていたのです。

林の切れ間から周囲の風景が見える場所を探していた奥さんが、偶然見つけたのでした。

「だいじょうぶか？」と林さんが奥さんを見ると、顔面蒼白でぶるぶると震えています。

「驚いたね、ショックだろう」

となぐさめる林さんに、奥さんは黙って人形の胸のあたりを指さしました。

「ウン？」と林さんが見ると、人形の胴体に貼られた白い紙に筆文字で、黒々と人の名前らしいものが書かれています。

「名前？」と思いながら近寄ってよく見た林さんは、思わず息を飲みました。紙には「林和子」

（仮名・差しさわりがあるので名前を変えてあります）と書かれ、名前の上から釘が打ちこまれていたからでした。

林さんの奥さんの名前は「和子《かずこ》」だったのです。

そして「林和子」の名前を取り囲むように、隙間がないぐらいびっしりと、「死ね死ね死ね死ね死ね、死んでくれますように」「呪われろ呪われろ呪われろ……」「林和子が不幸な死に方をしますように。亡くなりますように」「呪呪呪呪呪呪呪……」と、細かい女性の字で呪詛の文言《もんごん》が経文《きょうもん》のように書きこまれていました。

偶然、わら人形を見つけた奥さんの心臓は一瞬止まり、次に人形に自分の名前が書かれているのを見て「いや～！！」と叫んだのです。

林さんも人形に書かれていた名前に驚きながらも、奥さんを抱き寄せて、「だいじょうぶ、同姓同名の偶然の一致だよ。林も和子もよくある名前だからね。まったくの偶然さ。それに、こんなの迷信さ。気晴らしなんだよ。恨みやストレスを抱えこんだ人が、誰にも知られず気持ちを発散する方法だよ」と必死になぐさめました。

そして釘を抜き、わら人形の「林和子」と書かれた紙を引きちぎり、人形を奥宮の社殿の前に置きました。こうしておけば、いずれ誰かが見つけて宮司さんが人形を祓い、わら人形に掛かった呪いと、呪った女性の恨みを解いてくれるでしょう。たぶん、自分の名前に釘を打ちこまれた奥さんの身に何事も起こらないはずです。

「でも、偶然の一致にしても、なんで私なの？」

「だから、それが偶然なのさ。でも、ひどいね。名前まで書いて呪うとは」

「とても偶然の一致とは思えないわ。怖い……私が呪われた気がするの」

「そんなことはない、だいじょうぶだよ。忘れよう」

林さんは必死に奥さんをなだめ、落ち着かせようとしました。彼女の顔色は真っ青で、血の気がありません。必死に目の前の恐怖に耐えているようでした。

それにしても、自分と同じ名前が書かれた呪いのわら人形を同姓同名の奥さんが見つけるとは、なんという偶然の一致。なにか運命的な力が働いたのでしょうか。きっと、恋人か夫を奪われた女性が相手を怨《うら》んでの仕業です。

林さんはよろめき倒れそうな奥さんを支え、必死で山を下りました。ぐずぐずしていると、わら人形に掛けられた呪いが怨みを晴らすために、うしろからひたひたと、同じ名前の和子さんを追ってくるような気がします。

こうして二人は逃げるように、人影もない山深い伝説の里から去りました。

わら人形に呪いを込めて……（写真・日本呪術協会）

予定では倉敷で一泊し、モネの『睡蓮』など世界的巨匠の作品が多数展示されている大原美術館に行くつもりでした。しかし奥さんが「早く家に帰りたい」と訴えたので名古屋へ直行。新幹線では彼女を落ち着かせるために買った赤ワインを飲み、奥さんはしっかり林さんの手を握ったまま、安心したように眠ったそうです。

しかし林さんは眠れず、いく度となく白い紙に書かれた、

「林和子が亡くなりますように。死にますように、死にますように、死ね死ね死ね死ね」

という文言が目の前に浮かびました。

岡山へ行ってから十日が経ちました。

奥さんは帰宅後しばらく、何かにおびえたような目をして家に引きこもっていましたが、十日も過ぎると少し落ち着いてきました。それでも夜は眠れないようで、朝、寝不足の顔をしています。そして「あのわら人形が夢に出てくるの」と訴えます。

奥さんのことが心配な林さんは毎晩早く帰宅して、彼女を見守りました。わら人形のこと

を思い出さないようにと、育霊神社やサクラのことには一切触れません。夕食後二人でコーヒーを飲んでいると、奥さんが「サクラ……」とつぶやきました。忘れられず苦しんでいるようです。

しかし、ひと月もするとあの恐ろしい記憶も時間が少しずつ消してくれ、奥さんは夜眠れるようになり、夢の中にわら人形が出てくることもなくなりました。やがて薄皮がはがれるようにショックから立ち直り、友達とカフェでおしゃべりするまでになりました。

自分なりになんとかあの忌《い》まわしいことを忘れようと、努力しているようです。しかし完全に忘れたわけではなく、雨降りやどんより曇った日などは買い物にも出ず、不安な目をして一日中じっとテレビの前に座っています。

林さんもしばらくは妻の体調が悪いので、という理由で出張を同僚に頼んでいましたが、二ヶ月後には月に一度出張するようになりました。

「ひとりでもだいじょうぶよ。安心して」と、彼女は笑顔で林さんを送り出してくれます。しかし林さんは夜になると心配で、出張先から小まめに電話を入れました。奥さんは「心配しないで」と答えますが、林さんは、何か以前より彼女の声のトーンが低い気がしました。

そんなある日、彼女はイタリアン・レストランでレジの仕事を見つけてきました。午前十一時から午後三時までのバイトです。「気晴らしになるし、なるべく外に出た方がいいよ」と林さんも賛成。二人にやっと前向きの日々が訪れました。

そして長かった梅雨が明け八月に入った暑い日、サクラが奥さんの元にもどってきました。近所の公園の茂みで遺体が見つかったのです。サッカーボールを探していた子どもが発見し、近所の主婦が連絡をくれました。外形はなくなりかけていましたが、桜の花びらがデザインされた首輪でわかりました。

うしろの片足が折れていたので車に轢《ひ》かれ、茂みまでたどり着いて死んだのでしょう。

奥さんはサクラをドライアイスを入れた油紙で包み、さらに大事にしていたストールで丁重にくるみ、紙の箱に入れて家に運びました。そして、その晩はサクラの写真を飾り、大好きだったチーズを供えて、二人でお通夜をしてあげました。

もう覚悟は決めていた奥さんですが、サクラの死を目の前にすると落ちこんでしまい、夕食ものどを通りません。またあの日のように、不安におびえた目をしています。

「どうしよう、どこかへ埋めてあげる?」と林さんが言うと、「明日、ペットのお葬式業者に焼いてもらうわ。サクラと離れたくないから、骨を部屋に置いてもいいでしょう?」とたのみました。

翌日、彼女はバイトが終わってから、サクラを抱いて業者を訪ねました。あいにくその日は業者の都合で、ペット専門の焼却車がマンションまで来られません。

業者の会社は名古屋の外れにあり、無事に焼いてもらうとサクラの小さな骨つぼをバッグに入れて抱きかかえ、帰りの郊外電車に乗りました。

そして、異変が起きたのです。

奥さんが駅のプラットホームから転落して、入ってきた電車に轢《ひ》かれたのです。

同じホームにいた目撃者は、

「何かぶつぶつ独り言を言っていた。ホームの外れが目に入らないようで、引き寄せられるようにホームの端に向かって歩き、危ない、と思ったときは落ちていた」

と証言し、彼女とすれ違った別の人は、「待っててね……って聞こえた」と語りました。

偶然でしょうか、育霊神社に祀られていた依玉姫も愛猫の遺骸を抱いて自害しました。

こうして、あの育霊神社へ行ってから三ヶ月目、奥さんは突然亡くなったのです。

お通夜の夜、仲のよかった友達が、「和子さん、時々、胸が痛いって押さえていたんですよ」

と教えてくれたそうです。

＊＊＊

この話を聞いて、私は岡山県にまつわるさまざまのことを思いました。

吉備《きび》の国と呼ばれ、日本の中でも古代から大陸の渡来人が多く住みついた岡山県。

歴史が古いせいか、岡山県には長い時を刻んだ神社や変わったお宮が多く、「津山《つやま》事件」などの何か怖いイメージもあります。

神社といえば、桃太郎のルーツとされる吉備津彦命《きびつひこのみこと》を祀り、御釜神事《おかましんじ》で知られる吉備津彦神社。蛇神《へびがみ》信仰の総本宮・道通《とうつう》神社や、和気清麻呂公《わけのきよまろこう》を祀った和気神社。さらに吉備の国は陰陽師を多く生み、安倍晴明の父は吉備の出身でした。

ですから育霊神社の「丑の刻参り」の伝説も、こういう独特の風土が生んだのかもしれません。そして「丑の刻参り」といえば、私はどうしても「祟《たた》りじゃ〜っ！　祟りじゃ〜っ！」という台詞《せりふ》で有名な、横溝正史の小説『八つ墓村』のモデルとなった〝津山三〇人殺し〟を思い出してしまいます。

昭和十三年（一九三八年）五月二十一日。岡山県北部・津山市の寒村で、結核だった二十一歳の青年が自分に冷たく当たる村人への恨みから、深夜一時から二時間足らずの間に三〇人を殺害するという惨劇が起きました。

村の電線を切って外部との連絡を断ったあと、猟銃・日本刀・匕首《あいくち》で武装して子どもから老人までを次々と襲撃。草木も眠る深夜の丑三つ時、戸数二二、人口一一一人の村人のうち四分の一がむごたらしく殺害されました。

犯人は腰に日本刀、手には九連発の猟銃と匕首。ゲートルに地下足袋。頭に巻いた鉢巻には「丑の刻参り」で頭に灯《とも》したロウソクのように、二本の懐中電灯を角《つの》のように差していました。鬼気迫るその姿は、呪いの「丑の刻参り」そのものでした。

まず寝ている祖母の前で手を合わせ、斧を振り下ろして祖母の首を切断。首は五〇センチも飛んでごろりと転がりました。その後、次々と一二戸を襲撃。最後に犯人は山に逃げこんで猟銃で自殺したという、日本の犯罪史上最悪の猟奇事件です。

理性では計り知れない怪奇や闇、ただならぬものが、じっと草葉の陰に身を潜《ひそ》め、人々の心の隙に忍びこむのを窺《うかが》っているような気がします。

「夕方、神社に行ってはいけない」

知人からこの事件を聞いたとき、私はその話を疑いました。

「たまたま偶然が重なったんだよ」と――。

それは私が故郷・秋田で、十九代つづく伊豆山神社の宮司を父から受け継いでから二十年目、およそ今から十一年前のことです。

神職としてさまざまな経験をし、不思議な出来事も聞いている私ですが、この事件に出てくる霊能者風の占い師の話はありえないと思いました。

もちろん、私は占いをすべて否定はしません。四柱推命は長い人類の統計に基づくものであり、手相は統計生理学だと考えています。しかし、ともすれば人の気持ちはたよりなく、原因がわからないときは偶然よりも、目に見えない力が働いたと思いがちです。

〝事実は小説より奇なり〟という言葉がありますが、恐ろしいことにこの事件の場合、現実がその占い師の言ったようになったのです。もちろん偶然でしょう。

事件がなぜ起きたかわからず、神道《しんとう》では霊能者が言ったことは認めていないのですから……。

前置きが長くなりましたが、では記憶をたどりながら、実際にあったこの怖い事件についてお話ししましょう。

東京の台東区鳥越に「鳥越神社《とりごえじんじゃ》」という、古くから地元の人々に敬われてきた神社があります。飛鳥時代の白雉《はくち》二年（六五一年）、日本武尊《やまとたけるのみこと》を祀《まつ》って白鳥《しらとり》神社と称したのがはじまりの古社で、その後、源義家が「鳥越大明神」の社号を奉《たてまつ》りました。

六月に行われる鳥越祭の千貫神輿《せんがんみこし》は都内一の重さを誇ります。氏子たちが大神輿を担いで町内を練り歩き、夕方、神輿の弓張提灯《ちょうちん》・町内ごとの高張提灯に火が入ると、「鳥越の夜祭」と呼ばれる、幻想的な宮入道中がくり広げられてきました。

この鳥越神社の近くに、夜、浅草のスナックで働く一人の女性が住んでいました。

彼女、服部美樹さん（仮名・二十六歳）は、芝居好きが集まって作った前衛的な劇団のメンバー。芝居では生活できないので土日以外はスナックでバイトをしながら、昼間芝居の稽古をしています。彼女には一緒に暮らす劇団員のパートナーがいて、彼はコンビニの夜勤専門スタッフでした。

美樹さんがお参りしていた鳥越神社

そんな美樹さんは、昼間芝居の稽古がない日は、いつも夕方五時ごろマンションの部屋を出てスナックへ向かいます。そして、必ず寄るのが近くの鳥越神社。ご朱印女子や、全国のお宮を訪ねる神社ファンではありませんが、神社の雰囲気が好きで、ちょっと立ち寄ってお参りするのが習慣になっていました。

いつも、「私と彼が健康で元気に過ごせますように」というシンプルなお願いをしました。好きな芝居ができて、パートナーもいる……それだけで充分だったからです。

高校の三年間はテニス部で真っ黒になるほどテニスに打ちこみ、同棲中の彼は大学時代は陸上部で槍投げ選手。二人とも体力には自信がある者同士で、好きなことに打ちこめる今の生活に満足していました。だから、このまま無事に健康で過ごせればよかったのです。

晴れた気持ちのいい日には早めに部屋を出て、神社の境内で顔見知りのお年寄りと「こんにちは、いいお天気ですね」などと少し立ち話をします。

下町の雰囲気が残る鳥越あたりは地元の人も気さくで、誰かれとなく挨拶するのが当たり前の土地柄。彼女はそんなところも好きでした。

ある春の夜、花見客で混むスナックにその女性の占い師が現れました。

美樹さんも知っているその占い師はスナックのママの友達だとかで、浅草界隈の水商売の女性たちの間では「お姉さん」と呼ばれ、ちょっとした有名人でした。

ホステスたちのさまざまな悩みに答えるのですが、少し沖縄なまりの口調が自信に溢れていて、いつの間にか引きこまれてしまいます。よく当たると評判でしたが、けっしてマスコミには出ず、浅草のマンションの部屋で占っていて、ホステスをはじめいろいろな女性たちが悩みの相談に訪れていました。

見た目は五十代の普通の女性ですが、那覇で暮らしていた三十代のころ、小さな子どもを交通事故で失い、夫と離婚。うつになり、沖縄宮古島の実家で引きこもっていると、ある夜突然、天から降りてきた龍神が自分の体の中に入る夢を見て、それから人には見えないものが見えたり、感じる霊能者になったそうです。

その日以来、龍神さまが祀られている神社を訪ね歩いて自分なりの勉強と修行をした結果、祈念すると龍神が降りてくるようになったのだとか。

ママの話では、部屋の立派な祭壇に五色の龍神さまが祀られていて、大きな水晶の玉があり、後援者から贈られた魔除けの短刀が飾られた部屋には、独特の雰囲気があるということでした。クラブのママや、浅草の老舗《しにせ》料理店の女将など有力なスポンサーがついていて、豪華な分譲マンションの部屋を仕事場にしています。

服装は地味で、一見するとどこにでもいる中年の女性です。しかし彼女は目に特徴がありました。目が異様に大きく、その大きな目でじっと見つめられると、誰でも魂がスーッと吸いとられそうになります。これは沖縄の民間霊能者ユタに多い特徴で、彼女にもユタの血が流れていたのかもしれません。

普段は物静かに話します。しかしスナックで酔うと、ウチナンチュウー（沖縄人）の血が騒ぐのか、年齢よりずっと若々しい声で宮古島の島唄を謡《うた》って場を盛り上げました。唄はどこか哀調があり、聞く者の胸に響いたそうです。

その夜、カウンターに連れの女性客と二人で座った彼女は、ビールを出した美樹さんを、「あなた芝居しているんだって？　好きなことするために夜働いて、えらいわね」とほめてくれました。そしてさらにつづけて、「店に来る前、鳥越神社にお参りしてるんだって？　とてもいいことよ。ご祭神があなたを守ってくださるから、つづけなさいね」と言いました。

うれしくなった美樹さんが、「ええ、昼間劇団の稽古がない日は、必ず五時ぐらいにお参りしてから店に来るんですよ」と答えました。

すると彼女が急に怖い顔をして、きつい口調で言ったのです。

「だめよ、美樹ちゃん。夕方神社に行ってはだめ。夕方はやめなさい」

「ええっ、どうして夕方お参りしてはいけないんですか？」

美樹さんが占い師の怖い顔にびっくりして、思わず聞きました。

そんなことを言われたのは初めてで、彼女だけでなく、夕方神社に行く人はたくさんいます。現に今日も美樹さんは夕方、神社で地元の顔見知りのお年寄りに挨拶してきました。

すると占い師が、

「神社に夕方行くと、よくないことが起きるのよ。龍神さまもそうおっしゃっていらっしゃるわ。悪いことは言わないから、夕方はやめて昼間か朝お参りしなさい。早朝が一番ね。まだ誰もいないときに神さまにご挨拶するのがいいのよ。神さまも喜ばれて守ってくださる。美樹ちゃんはがんばってるから教えてあげるのよ。これは特別。いいわね、夕方神社にお参りしてはだめよ」

とまた怖い顔をして、強い口調で念を押しました。

美樹さんは、夕方神社に行ってはいけない理由をもっと聞きたかったのですが、占い師の強い口調と、聞いたらもっと怖いことを言われるような気がして黙ってしまいました。彼女も少し酔っていたので、話を本気で聞いていたわけではありません。

——よくないことが起きる？　ってどんなことが起きるのかしら——。少し気にはなりましたが、ここ一年半行ってきた習慣なので急にやめるのは変な気がします。

そんなわけで、美樹さんはその後も夕方のお参りをつづけました。

いつも神社で会うおじさんは、散歩を兼ねてもう三年も夕方お参りにきています。それでも何事もなく、とても八十歳には見えないほど元気です。

ほかにも、週に何回か夕方お参りにくるお年寄りや、近所の主婦、皆とても元気でした。だから美樹さんも、占い師に言われてしばらくは気になりましたが、やがて忘れてしまいました。

ところがある夜、久しぶりに店に来たあの占い師に聞かれたのです。

「美樹ちゃん、私の言ったこと守ってる？」

返事に困った彼女は、「お参りしてるけど、たまにだからいいでしょう」と言葉を濁しました。すると占い師はまた怖い顔になって、「私が教えてあげたこと守ってないのね、まだ、夕方神社に行ってるのね。心配して教えてあげたのに」と、とても怒りました。

怖くなった美樹さんは思わず、「よくないことって何ですか？」と聞きました。

すると占い師は、「魔物に会うのよ、日暮れ時は神社に魔物が来るの。そして、その魔物

に出会ったり見たりしたら必ず悪いことが起きるのよ」と言いました。さらにつづけて、

「昼間は龍神さまが目を光らせているから魔物も来ないけど、夕方、日が暮れるころは龍神さまは自分のお社《やしろ》にお帰りになる。そして人々が寝静まり、天地が清浄になった真夜中、神社の本殿に神さまが降りてこられる。

だから、龍神さまも神さまもいらっしゃらない日暮れ時の隙を狙って、よくないものがやってくる。なぜ来るかと言うと、神社に満ちているご神気を自分の中に取りこんで魔力を上げるため。悪霊や魔物などの邪気はご神気のおかげで消えずにいられるのよ。

神社は結界で魔物や邪気・悪霊・怨霊《おんりょう》などは境内に入れない。でも太陽神・天照大神さまが、お休みになるため天岩戸《あまのいわと》にお帰りになる日暮れ時は結界に入りこめる。しかしそのとき自分の姿を見られたら、見た者にとり憑《つ》いて、容赦なくその人を不幸にしてしまう。

人には見える人と、見えない人がいるのよ。ほとんどは生まれついてだけど、中には私のように急に見えるようになる人もいるわ。

だから、もし見える人が夕方神社にお参りして魔物を見てしまったら、魔物の祟《たた》りで必ずその人によくないことが起きる。長年、夕方神社へお参りしてるのに何も起こらない人は、見えない人なの。自分の脇を魔物が通り過ぎてもわからない。だから、何もなく悪いことも

鳥越神社の千貫神輿

起きないの。見えない方が幸せかもしれないわね。

私は、もし美樹ちゃんが〝見える人〟だったら心配なのよ。必ず不幸なことになるから、それを言ってるの。こんな話よくわからないと思うけど、ほんとうのこと。

普通、魔物や霊は滅多に姿を現さないから、人はそんなものがいるなんて思わないのよ。だから、とにかく夕方神社にお参りしてはいけない。これは昔から言われてきたことだから、守った方がいいわよ」

と、詳しく教えてくれたそうです。

占い師の話を聞いた美樹さんはぞっとして酒の酔いもさめ、青くなりました。

やがてその年も終わり、また新しい年がはじまりました。

正月元旦、美樹さんと彼は鳥越神社に初詣に行き、一年無事に元気で暮らせるように並んで手を合わせ祈願しました。同棲して二年目、二人は幸せでした。

その後浅草に出、浅草寺にもお参りしてからご飯を食べたのですが、そのとき彼が何気なく、「美樹、少しやせたんじゃないか?」と言いました。すると彼女は、「そんなことないわ。前と同じよ」と明るく笑ったそうです。

しかし、浅草寺で女優や力士の豆まきがあった節分の夜、スナックで同僚ホステスがまた、「美樹、あなたやせたんじゃない」と聞きました。

すると美樹さんが、「見たの、私……」と、低い声でうめくように言ったのです。おびえていて、顔が青ざめています。

「え、何を見たの?」、何かぞっとしたものを感じたホステスが聞きました。

「鳥越神社で魔物を見たの」

「え、魔物って、何それ!」

信じられないことを言う美樹さんに驚いたホステスが、聞き返しました。

「去年の十二月の中ごろ、夕方いつものように店に来る前に、鳥越神社にお参りしたの。マンションから四分なのよ。週に四回はお参りするの。もう日の暮れるのが早くて、薄暗くなりはじめていたわ。

いつも運動がてら夕方お参りにくる顔見知りもいなくて、境内はがらんとしていた。冬は寒いし日暮れが早いから、お年寄りは早めにお参りにくるみたいで、姿が見えなかった。それでも参拝者が二人いたわ」

話に引きこまれたホステスが、「それで、見たってどういうこと?」と聞くと、

「いつものようにお参りしたあと、社殿から蔵前橋通り沿いの鳥居に向かうと、黒いものがサッと私の脇をすり抜けたの。何かがはっきり見えたわけじゃないけど、その瞬間、体中の毛が逆立った。同時に体に何か重いものがのしかかり、立っていられなくなってしゃがみこみ、地面に膝をついてしまったの。一瞬のことで、二、三秒したらすっと軽くなった。すぐふり向いて社殿の方を見たけど誰もいず、何も見えなかったわ。かなり暗かったけど人の姿はわかる時間だった。一年半もお参りしているけど、そんなのは初めてのこと。きっと、占いのお姉さんが言っていた魔物だと思うの。私、魔物を見てしまったのよ、怖い！よくないことが起きるのかしら……」

と震えながら、泣きそうな顔でそのホステスに訴えたのでした。

そして、さらに次のようにも言ったそうです。

「私が驚いて立ちすくんでいると、すぐうしろから『美樹ちゃん、どうしたの？』って声をかけられたの。ふり向くと境内でよく会う、顔見知りのおばさんだった。五十歳ぐらいで、いつもにこにこしてやさしくしてくれるの。

『どうしたの、しゃがみこんで具合が悪いの？』って聞かれた。私はあわてて、急にめまいがしたもんでと言ったら、『疲れてるんじゃない？　若いと体力に自信があるから無理するけど、女の体は微妙だから気をつけてね』って。

　そしてつづけて、『たまたま連れてきた犬を境内の入り口の柵につなごうとしたら、急に犬が狂ったように吠《ほ》えたの。変だなと思ったら女性がしゃがみこんでいる。見たら美樹ちゃんじゃない。驚いたわ。めまいだけでよかった。これから寒くなるから体に気をつけなさいね』ってやさしく言ってくれたの」

　話を聞いたホステスは半信半疑でしたが、しっかりした女性だったので気を落ち着けて、

「それは気のせいよ。お姉さんから魔物のことを聞いていたから、自分で自分に暗示をかけたのよ。自己暗示。気になっているとそう思ってしまうっていうから、きっとそれよ。少し疲れてたんじゃないの？」

　と言い、さらにつづけて、「でも、不安だったらお姉さんにお祓《はら》いしてもらったら。龍神様に守ってもらうのよ。あとでママに相談してみるから」と美樹さんを励まし、その夜ママが占い師の女性に電話を入れ、二日後の昼間、彼女のマンションでお祓いをしてもらうことになったのです。

　電話口で占い師は美樹さんに、「当日は朝お風呂に入って体を清め、新しい下着に着替えていらっしゃい。朝ご飯は食べずに、白湯《さゆ》だけ飲んでね」と告げ、さらに「だいじょうぶ、

必ず龍神様がお守りくださるから。安心しなさい」と言ったそうです。

ところがその日の夜、美樹さんは突然亡くなりました。

スナックから帰った深夜、マンションの部屋のベランダから転落したのです。

ドスン、という物音に気づいた管理人が外に出てみると、コンクリートの上に首の骨が折れた美樹さんが横たわっていました。叩きつけられた衝撃で頭が砕け、あたりは血の海だったそうです。

ベランダから飛び降りる瞬間を、帰宅途中のマンションの住人が偶然目撃していました。住人が上を見ると、建物の最上階七階の明かりが点《つ》いた部屋のベランダに人がいて、なぜか二、三回うしろをふり向きました。住人は誰かが部屋にいるのかなと思ったそうです。と次の瞬間、その人影がベランダの手すりから上半身を乗り出すと同時に、頭から転落したのです。誰かに追いつめられてベランダに逃げ、最後には手すりから上半身を乗り出し過ぎて落ちたようにも見えましたが、暗くてはっきりとはわかりません。落ちる寸前、手すりから上半身を乗り出したときも、一度うしろをふり向きました。

彼女の手には鳥越神社のお守りが固く握られていて、指を開いて取り出すのに苦労したそうです。身を守るため必死に握っていたのでしょうか。

部屋のテーブルには、コンビニの深夜勤務からもどってくる彼のための朝食が、いつものように用意されていました。温かいご飯を食べられるように、ほかほかのご飯が炊飯器に炊けていて、洗濯ずみの下着も置かれていました。警察によると部屋に誰かが侵入した形跡はなく、部屋の鍵は内側からかかっていました。

美樹さんは妊娠四ヶ月目で、子どもが生まれたら結婚して籍を入れ、ママになる日を楽しみにしていたそうです。

＊＊＊

この話を聞いて、私は東京に出てきたおりに初めて鳥越神社に参拝しました。

その日は鳥越神社の夏祭りの前日。祭りの花飾りに彩られた鳥越の町は家の軒先に祭り提灯がゆれていて、下町は祭り気分一色でした。

神社の石の鳥居をくぐると境内は祭礼の準備がととのい、祭りに寄付をした氏子さんの名前を書き出した寄進者名簿板の寄進者の数、寄進額の大きさに驚いたものです。

木々に守られて建つ社殿は、重厚な中に爽やかさが感じられました。

神社は江戸の昔から地元の人々に「鳥越様」として敬われてきましたが、一説によると、江戸守護の役目があったとも言われています。

徳川家康が江戸を造ったとき、江戸の町を災害や戦いから守り発展を願うため、いくつかの寺社が建てられたり移築されましたが、鳥越神社もその一社でした。

家康のブレーン「黒衣《こくえ》の宰相」と呼ばれた天海僧正《てんかいそうじょう》が、当時恐れられていた怨霊・平将門《たいらのまさかど》を江戸の守り神とするため、江戸市中外に北斗七星に擬した七つの神社を置き、将門公を祀《まつ》りました。これが、陰陽師の間でささやかれてきた「妙見《みょうけん》信仰と北斗七星の魔方陣」。

一番有名なのが江戸城の北東、表鬼門《きもん》の方角に建てられた神田明神で、神田明神には今も将門公手彫りとされる妙見菩薩像が祀られている、という説もあります。

江戸の町守護のために置かれた七つの神社は、いずれも将門公に関係しています。

平安時代、関東で朝廷に反乱を起こして討たれ、京都にさらされた将門公の首が夜空を飛んで故郷・坂東《ばんどう》（北関東）へ向かう途中、飛び越えたのが鳥越神社――という伝説が残っています。これが鳥越という名の由来だそうで、首が落ちたのが大手町に祀られている将門塚《しょうもんづか》の場所でした。

京都で首をさらされた平将門の獄門絵図

天台宗の僧侶だった天海は鬼門遁甲《きもんとんこう》や風水・陰陽道・星占いをはじめとするさまざまな占術や呪術に通じていて、これらを駆使して江戸の町と徳川家を守りました。

彼は将門公にまつわる七つの神社――鳥越神社（浅草）、兜神社《かぶとじんじゃ》（兜町）、将門塚（大手町）、神田明神（外神田）、筑土八幡神社《つくどはちまんじんじゃ》（新宿筑土八幡）、水稲荷神社（早稲田）、鎧《よろい》神社《じんじゃ》（北新宿）を使って江戸の町に魔方陣を張った、と言われています。それ以来、各社は幕府に庇護《ひご》されて将門公ゆかりの神社として栄えてきました。

ちなみにこれら七つの神社を線でつなぐと、将門公が崇《あが》めた北斗七星（妙見菩薩）の形になるそうです。

さらに興味深いのは、七つの神社は江戸の町に魔物が侵入するのを防ぐ役目を与えられ、江戸に入る街道入り口守護の務めを帯びていた……という説です。将門公の強い霊力で邪気の侵入を阻《はば》んだのでしょう。

・将門公の首を祀る首塚は、奥州街道に通じる大手門。
・将門公の兜を祀る兜神社は、東海道に通じる虎ノ門。
・将門公の胴を祀る神田明神は、中山街道に通じる神田橋門。
・将門公の鎧を祀る鎧神社は、甲州街道に通じる四谷門。

・将門公の手を祀る鳥越神社は、日光街道に通じる浅草橋門。
・将門公の足を祀る築土八幡神社は、上州街道に通じる牛込門。
という街道の出入り口を守り、将門公の霊力によって江戸の町にバリヤー（障壁）を張ったと考えられています。陰陽師などのプロは「将門の結界」と呼んでいたそうで、歴史好き、神社関係者としては、真偽のほどはともかく興味ある話です。


いずれにしろ、昔から怨霊や、死霊、魔物、鬼……など、目には見えない、この世のものではないものが恐れられてきました。彼等は天海の時代だけではなく、今でもどこからともなく現れ、薄暗くなってくる黄昏時《たそがれどき》に歩き回っているのかもしれません。

美樹さんはこのような伝説のある鳥越神社で、この世のものでないおぞましいものの気配を感じ、姿を見てしまったのでしょう。

この本の一五五頁で詳しく述べますが、日本では昔から夕暮れ時を「逢魔時《おうまがどき》」と呼んで恐れてきました。太陽が沈みはじめ、ぼんやりと薄暗くなってくると何か寂しく不安になり、魔物が現れるのではないかと考えたのです。ですから、浅草の占い師が「夕方神社に行くとよくないことが起きる」と言ったのには、そういう背景がありました。

さらには、占い師の女性に降りてきたという龍神さまですが、私たちの先祖は命の源、水を崇め高龗神《たかおかみのかみ》と呼んで祀ってきました。高龗神は龍神さまでもあります。

龍神さまをお祀りしている神社は日本中に数多くありますが、中でも有名なのが、箱根神社（神奈川県箱根町）、九頭龍神社《くずりゅうじんじゃ》（神奈川県箱根町）、江島神社《えのしまじんじゃ》（藤沢市江ノ島）、龍神総宮社《りゅうじんそうぐうしゃ》（京都府宇治市）、田無神社《たなしじんじゃ》（西東京市）などで、龍神信仰のお宮として知られています。


私は神前で美樹さんの魂が安らかに神上《かむあ》がれることを祈願させていただき、その後境内を出て、それとなく、彼女が飛び降りたというマンションを探してみました。

――神社から徒歩四分、七階のベランダから神社の屋根が見える建物――。

その二つの情報をたよりに、祭りの花飾りがゆれる町をぶらぶら歩きながら探しました。しかし、あたりにはオフィスビルやマンションがびっしりと建ち並んでいて、それだけの手がかりでは見当もつきません。美樹さんはベランダで何度もうしろをふり向いたそうですが、何かが部屋の中にいたのでしょうか……。

私は思い直して神社に立ち寄り、もう一度美樹さんのために祈りました。

二章

胸騒ぎのあとに……

姉妹の勉強部屋の妙な気配

秋田の米どころ大仙市に、仲のいい姉妹がいました。

姉は高校三年生、妹は中学二年生でした。

夏休みの終わりが近づいて、姉妹が夕食のあと勉強部屋で仲良く宿題をしていると、妹が姉に「ねえ、何か寒くない?」と聞きました。姉がどうしたの? と聞くと、妹は「ねえ、何か変じゃない? 押入れのところ」と言います。

彼女には、目には見えない得体の知れないものが、うずくまっているような気がしました。

ドキッとした姉が「怖いこと言わないで」と押入れを開けましたが、中は特別に変わりありません。押入れには毛布や二人の衣類、本が置いてあって、ずっと前から同じ。押入れのふすまの張り紙も数年間張り替えていません。

この半年は、姉妹たちに特別に変わったことはなく、あえて言えば、同じ年の夏休みに妹と仲がよかった友達が、海で溺れて死んだことぐらいでした。

ところが、妹が奇妙な気配がするとおびえた次の日には、姉が妹に「ねえ、何か変な気がしない?・押入れのところに何かいない? うまく言えないけど、妙な感じがする」と言います。そして「なんとなく頭が重くない? 体もだるくない?」とささやきました。

姉の言葉を聞いた妹は押入れの方を見ることもできず、「やっぱりそうでしょう。もう怖い、だめ!」と部屋から飛び出したのです。娘二人の話にお母さんも驚き、「禰宜《ねぎ》さん、お祓《はら》いしてもらえねべか」と私のところへ相談に見えたのでした。

私は神主の装束《しょうぞく》に改めて居間にある神棚の前に立ちました。そして米、お神酒《みき》、魚、野菜などのご神饌《しんせん》をととのえて、産土神《うぶすながみ》の伊豆山大神《いずさんおおかみ》、住まいの神さま屋船久久能知大神《やふねくくのちのおおかみ》、屋船豊受媛大神《やふねとようけひめのおおかみ》に祝詞《のりと》を奏上して穢《けが》れを祓うとともに、家族の息災を願いました。

そのあと姉妹の勉強部屋に行き、祓詞《はらいことば》とともに榊《さかき》をもちいた大麻《おおぬさ》でお祓いをし、塩、米を撒《ま》いてお神酒をそそぎ清めました。二人が奇妙な気配を感じた、という押入れのあたりは念入りに祓い、再度、祓詞を奏しつつお神酒をそそぎ清めました。

そして十日後に電話して様子を聞くと、姉妹がおびえた気配はなくなったとのこと。さらに、数ヶ月経った新年にお会いしたときにも異常はなく、姉妹は元気に過ごしていました。

帰省した、女子大生におびえた猫

東京郊外の国立《くにたち》市でひとり暮らしをしながら大学に通う樋口裕子さんは、三年前、とても気味が悪い体験をしました。

その年の春、東京の大学に合格し九州の大分から出てきた裕子さんは、文教都市というイメージに惹かれ国立に小さな部屋を借りました。都心にある大学までは二回乗り換えるものの、知的な雰囲気がある国立に住んでみたかったのです。

ところが、新学期がはじまってすぐの五月に祖父が亡くなり、お葬式に出るため彼女は急いで大分の実家に帰りました。滝廉太郎《たきれんたろう》の『荒城の月』のモデルの城、と言われる岡城址で有名な豊後竹田《ぶんごたけた》。彼女のふるさとは、その竹田市街からバスで三十分ほどゆられていく、今は合併して竹田市となっている山あいの小さな村でした。

彼女はとてもがんばり屋の秀才で、お父さんは室町時代から五百年もつづく小さな神社の神主をしながら、平時は市役所の出張所に勤めていました。

裕子さんは二ヶ月ぶりに帰った家で、祖父の遺体に「お祖父《じい》さん、今もどりました」と手を合わせ、そのあと家族に東京の様子を説明しました。東京でひとり暮らしをする娘を心配していた両親は、元気そうな娘の顔を見て安心し、暮らしぶりや学校生活のことを聞きたがります。

その後、一息ついた彼女が妹に「ハチは」と聞くと、「外で遊んでいるわ」という返事です。ハチは裕子さんが少女のとき家に来た雉茶《きじちゃ》の雌猫で、彼女と妹になついていました。東京で寂しくなると、妹に送ってもらったハチの写真をスマホに保存して、時々見ては癒《いや》されていました。そのハチと会えるのを楽しみにしていたのです。

夜になり、裕子さんが妹の部屋でスマホを見ていると、「姉さん、ハチが帰ってきたわよ」と妹が呼びます。それで、部屋を出て弔問客がいる座敷に行くと、ハチが部屋の隅に置かれた座布団の上に寝そべっていました。

久しぶりにハチと会えて感激した裕子さんが、「ハチ、おいで」と呼びました。するとハチはじっと彼女を見たあと、なぜか急にパッと逃げたのです。座敷の入り口まで走り、そこで立ち止まってふり返り、鋭い目でじっと裕子さんを睨《にら》んでいます。

「どうしたの？　おいで」と呼んでも、低く「ううう……」と全身の毛を逆立て唸《うな》ります。

びっくりした妹が、「どうしたの、お姉ちゃんのこと忘れたの？」と声をかけてもまったく無視して、そのまま台所の方に行ってしまいました。

両親も、「どうしたのかね、裕子のこと忘れたのかな」と驚きましたが、東京に出てからまだ二ヶ月。あんなになついていたのに、ハチの様子は不思議でした。

結局、裕子さんは実家に三日いて、祖父のお葬式が終わるとすぐ国立に帰りましたが、その間ハチはどこかに消えてしまい、とうとう裕子さんの前に現れませんでした。

そして、再び裕子さんが実家にもどってきたのは、その年の暮れでした。

大学生活初めての冬休み。半年ぶりに吸うふるさとの空気はおいしく、「ああ、大分に帰ってきた」と思いながら裕子さんは「ただいま」と家の玄関に立ちました。すると、出迎えた両親と妹が「まあ〜」と目を見張りました。

それは彼女が、すっかり都会の大人の女性に変わっていたからです。

半年前と比べたら女らしくなり、年ごろの娘らしい可愛いファッションで、薄化粧さえしています。もう垢抜けない田舎の娘ではありません。彼女はわずか半年で東京暮らしにも慣れ、すっかり逞《たくま》しくなっていたのです。両親は娘の成長に驚きました。

居間のテーブルの上には、お母さんの心づくしのご馳走が並んでいます。

ひとしきり東京暮らしの様子を報告した彼女が、思い出したように「ハチは元気?」と聞くと、妹が奥の部屋で寝ていたハチを抱いてきました。そして「ほらハチ、お姉さんよ」と裕子さんに渡すと、今度は前と違い、ハチはおとなしく彼女に抱かれたのです。

ゴロゴロとのどを鳴らして甘え、彼女を見てもおびえません。「今度は逃げないわね」と妹が笑い、母親が「あのときはお葬式でたくさん知らない人がいたから、ハチはピリピリしてたのよ」となぐさめてくれました。

こうしてハチにも会え、一年ぶりに実家でゆっくりと羽根をのばした裕子さんは、十日後、家族と別れを惜しみながら東京に帰っていきました。

＊＊＊

この奇妙な話を教えてくれた知り合いの神職が、次のように言いました。ちなみに、彼は裕子さんのお父さんと古い友達です。

「猫は裕子さんに憑《つ》いていた死霊におびえたんだよ。ヒントは彼女が住んで利用していた国立駅。昔からJR中央線は自殺の名所と言われ、何回も鉄道事故が起きているんだ。

一時はずいぶんニュースになって沿線の人が怖がった。路線別自殺件数は日本一。国立駅では一昨年の三月に、中年女性が電車に轢《ひ》かれているのさ」

そこで彼の話をもとに調べてみると、確かに中央線は昔から人身事故が多く、年平均三四件、ひと月に二～三件も発生しています。平成二十六年（二〇一四年）度は十八年前の約三倍にも増加。事故のほとんどは高円寺～西八王子間で起きていました。一時は「呪われた中央線」などと週刊誌に書かれたそうです。

その後、JRが暗いホームの外れに明かりをつけるなどの対策に乗り出していますが、思うように事故は減っていません。

自殺者の多くはうつに苦しむ若者・中年世代で、神職が言うように、平成二十七年（二〇一五年）の三月には国立駅で中年女性が亡くなっていました。そしてこの時期、四月から国立で暮らしはじめた裕子さんは国立駅を利用していたのです。

さらに神職は、こうも語りました。

「まだ東京に出てきたばかりの裕子さんは、都会のひとり暮らしに慣れず不安だった。勉強一筋だった彼女はとてもまじめで、小さいときから刺激に囲まれて育った東京の娘とは違う。そんな彼女に、国立駅で亡くなった女性の霊がとり憑《つ》いたんだよ。

たくさん人がいるのに、なぜ彼女だけかって？　それは彼女が東京に慣れず、不安な気持ちで暮らしていたからさ。邪気は不安な弱った心に入りこむからね。お葬式で実家に帰った彼女に憑いていたんだよ。猫はその霊におびえて逃げたんだ。動物にはわかるからね。しかしその後、彼女は東京の生活に慣れて逞しくなり、霊も離れたのさ。だから、年末に帰ったとき猫はおびえなかったろう。もう霊が憑いていなかったんだよ」

成田山に近寄ると、体調が悪くなる女性

——怨みを残して亡くなった人の霊魂は長く祟《たた》る——。そう言われていますが、日本三大怨霊《おんりょう》のひとつに「平将門《たいらのまさかど》の祟り」があります（その他二つは、崇徳上皇《すとくじょうこう》、菅原道真の怨霊）。

平安時代、関東で京の朝廷に反乱を起して討たれ、首を京都にさらされた武将・平将門。その首が、宙を飛んで故郷にもどる途中に落ちたのが、今の大手町。首を埋めたとされる場所には、将門公の霊を祀《まつ》る「将門塚《しょうもんづか》」が造られました。

古くから江戸における霊地として畏怖《いふ》され、神田明神をはじめいくつかの神社が将門公をご祭神として祀り、今でも御魂《みたま》をなぐさめています。

次の不思議な話は神社好きで、神社参拝の記録ブログ『御朱印・神社メモ』(jinjamemo.com)を発信している、東京在住のＩＴコンサルタント・熊澤大地さん夫妻が体験した怪異です。

＊＊＊

熊澤さんの奥さんは将門公の生誕地であり、今でも将門信仰が篤《あつ》く残る千葉県市川市大野

の出身で、公を祀った駒形《こまがた》大神社の氏子として育ちました。既に亡くなっていますが祖父は同社の氏子総代を務めた人で、篤く将門公を崇敬していました。

市川市大野は今でも、将門公の命日である十四日には氏子が「お籠《こ》もり」をする風習がついている地。そして氏子の間で守られてきた、「成田山に行ってはいけない」という言い伝えを子どものころから聞かされていたそうです。

そのため、奥さんにその話を聞いてからは、「古くからの禁忌《きんき》だから、守って、成田山には近づかないようにしよう」ということになりました。

ところが、不思議なことが何度か起きたのです。

奥さんと神社めぐりをすると、決まって奥さんの調子が悪くなる地域があるのです。吐き気をもよおしたり、調子が悪いからどこかで休みたいと言います。

具体的には、東京の「富岡八幡宮」や横浜の「伊勢山皇大神宮《いせやまこうたいじんぐう》」。しかし、この神社に何かあるというわけではなく、実はどちらもすぐ近くに「成田山新勝寺《なりたさんしんしょうじ》」の別院があるのです。「富岡八幡宮」のすぐ近くには「成田山東京別院深川不動堂」、「伊勢山皇大神宮」のすぐ近くには「成田山横浜別院延命院」。

奥さんは熊澤さんと違い寺社については詳しくないため、成田山別院が近くにあるということを知りません。知らないのに、別院でも近くにあると決まって調子が悪いと言うので、とても怖いそうです。

そのため、それからは奥さんの実家の氏神さまや、将門公を祀る神田明神、築土《つくど》神社（東京千代田区）、国王《こくおう》神社（茨城県坂東市）、将門塚などに定期的にお参りしています。すると奥さんの体調がとてもいいので、将門公のことはとても崇敬しているそうです。

＊＊＊

千葉県成田市の成田山新勝寺は、平将門を調伏《ちょうぶく》するため下総国公津ヶ原《しもつけのくにきみつ》で不動護摩《ふどうごま》の儀式を行ったのが開山起源とされています。そのため、将門とその家来の子孫は、今でも成田山新勝寺へは参詣しません。

さらに神田明神、築土神社など将門公を祀る神社の氏子も、「成田山新勝寺へ詣でると、産土神《うぶすながみ》である将門公のご加護を受けられない」との言い伝えにより参詣しないとか。

例年、ＮＨＫ大河ドラマの出演者は、成田山新勝寺の節分豆まきに参加します。しかし、将門が主人公だった一九七六年（昭和五十一年）の大河ドラマ、『風と雲と虹と』の出演者は成田山新勝寺の豆まきへの参加を辞退しました。将門公のご神力を恐れたのでしょう。

平将門の首が埋められたと伝わる将門塚（東京・大手町）

大手町の将門塚は昔から強いパワースポットとして知られ、塚を移動しようとするたびにおかしなことが起きたと伝えられています。

首塚（将門塚）を参拝して驚くのは、境内いっぱいに蛙の置物が置かれていること。奉納されたもので、将門の首が京から飛んで帰ってきたことから、必ず「帰る（カエル）」にひっかけ、いろいろな人がご利益《りやく》を求めて訪れています。

女子高生が亡くなった横断歩道で、動かない秋田犬《あきたいぬ》

これも神職同士の噂になった、犬にまつわる不思議な話です。

その変事が起きたのは秋田県大仙市の隣、仙北市角館《かくのだて》の近在でした。角館といえば、江戸時代の武家屋敷と桧木内川堤《ひのきないがわづつみ》の桜並木で知られ、毎年三〇万人が訪れる秋田県有数の観光地。

その角館近在の横断歩道で、自転車登校の女子高生が車に轢《ひ》かれて亡くなりました。出勤途中のワゴン車が信号を無視して、猛スピードで横断歩道に突っこんだのです。現場にはたくさんの友達が訪れて献花し、冥福を祈りました。

しかし、そのときは事故現場に花や菓子などが供えられただけで、お祓《はら》いは行われませんでした。

「それがさ、おかしいんだよ。女子高生の家で飼われている秋田犬が、散歩の途中現場に来ると座りこんで動かねぇんだ」

知人の神主が教えてくれました、もう八年ぐらい前の出来事です。

秋田犬は亡くなった女子高生に可愛がられていて、土日の夕方はいつも一緒に散歩をしていたそうです。

事故が起きて一週間目。中断されていた犬の散歩がはじまり、中学生の弟と秋田犬が事故のあった横断歩道に来ると、犬が座りこんで動きません。弟が犬を促しても、「ううう……」と低く唸《うな》ってテコでも動かない。必死に紐を引っぱってもだめです。

「不思議だよなぁ。犬はそこで女子高生が死んだとは知らねぇんだよ」

「いや、わかるのさ動物には。女の子の霊魂がいたんだよ、きっと」

きっと動物には霊が見えるのかもしれません。本能的に何かを察知するのでしょう。見えないのは人間だけです。

「そのうち犬は歩き出すんだけど、何度もうしろをふり返るんだ」

「そりゃ、おっかねぇな」

そして不思議なことに、その後も犬は同じ場所に来ると動きません。するとこれを知った祖父が、「お祓《はら》いだ! お祓いをしよう。かわいそうに、まだ孫の霊魂が神上《かむあ》がりできず、さ迷っているんだぁ」と、地元の神職にお清めをたのんだのです。

私も町内会長さんに相談されて、交通事故があった大仙市内のとある場所をお祓いしたことがあります。

妙なことですが、つづけて不幸が起きる場所があるもので、一〇〇メートルほどの区間で数年のうちに、事故による死者が出たのが三度目なのです。

このときは、道路横の空き地にテントを設け、参列者は町内会長、交通安全協会関係者など一〇名ほど。テントの中にしつらえた祭壇に神饌《しんせん》をととのえ、修祓《しゅばつ》、祭詞奏上《さいしそうじょう》、玉串《たまぐし》拝礼のあと、全員でこの一〇〇メートルの区間をぐるっと回り、榊《さかき》で作った大麻《おおぬさ》、塩、お神酒《みき》でお祓いしました。

この女子高生のときは人通りが少ない早朝に行われ、祖父・両親・弟の家族全員と地元警察の担当者が参列しました。

「その後、犬はなんとしたべぇ？」

「ウン、それ以来、座りこまなくなったらしいよ」

秋田犬もお祓いに連れてこられましたが騒がず、おとなしかったそうです。

＊＊＊

犬は飼い主に従順な動物で、彼らの愛情の深さにペット好きは「そうだよ！」とうなずくでしょう。

そういえば、昔から狛犬は社《やしろ》の前に座って神社を守り、神さまとは縁が深い存在です。

祟《たた》りといえば、子ども時代に「動物の命をやむをえず絶つとき、けっしてかわいそうと思ってはいけない。かわいそうと同情すると、その動物の霊が同情した人に祟る」と聞いたことがあります。

考えてみれば、これは「同情するぐらいなら助けてあげなさい」という教えなのかもしれません。ペットを飼う人が増えていますが、動物にも魂がありますから、死んだときは必ず丁重に葬ってあげてください。

縁切り稲荷にお願いにきた少年

そのお稲荷さんは栃木県の足利市《あしかが》にあります。

全国にいくつかある縁切り社寺のひとつで、名前は門田稲荷《かどたいなり》。足利市の八幡神社の境内にある社《やしろ》で、女性誌でも紹介され、さまざまな縁を切りたい人がやってきます。

ちなみに、京都の伏見稲荷、東京板橋の榎木稲荷《えのきいなり》、それにこの門田稲荷が日本三大縁切り稲荷と呼ばれています。門田稲荷の境内には縁切りの願いが書きこまれたたくさんの絵馬が掛かっていて、書かれた文言には怖いものも多いようです。

次の話は数年前、その門田稲荷で絵馬研究家の山下俊夫さんが体験したものです。

＊＊＊

その年の夏、山下さんが門田稲荷の絵馬を見に訪れた日のことです。

山下さんは門田稲荷の境内で、ぼんやり立っている高校生の男の子を見かけました。話しかけると、ぽつり、ぽつりと返事を返してくれます。わかったのは、彼が高校二年生で、夏休みを利用して東京から来たこと、そして、「同級生からいじめられている」ということです。

少年は苦しそうに話しはじめました。

一年前から同じクラスの男友達にいじめられている。机の中に虫の死骸が入っていたり、休み時間に囲まれてからかわれたり、ラインで「死ね！」「クズ！」という言葉が送られてくる。内気なので親や先生にも相談できず、苦しくてしょうがない。もう学校には行きたくない。でも、行かないと親が心配するのでつらい。

それで、「テレビ番組で見た門田稲荷にお願いしてみよう。なんとか、いじめっ子との縁を切りたい」と、すがるような気持ちで来たと言います。

山下さんは暑い日ざしを避けて、八幡神社境内の涼しい場所に少年を誘い、持ってきた缶ジュースを少年にあげました。

「それはつらいね。でも、負けちゃだめだよ。ここのお稲荷さんは弱い者の味方だから、いじめっ子との縁を切って君を守ってくれるよ。がんばるんだよ」と少年を励ましたのです。

そして、山下さんは少年と一緒に門田稲荷に手を合わせ、「彼がいじめられることと縁が切れますように」と気持ちをこめて祈願したそうです。

その後二人は、八幡神社近くのバス停で足利駅行きのバスを待ちました。

するると運悪く、晴れていた空が急に暗くなり雨が降ってきたのです。夕立のようでした。仕方がないので山下さんは少年に、「夕立だからすぐやむよ。夏だから少しぐらい濡れてもいいね」と言い、少年も「はい、いいです」と答えました。

ところが、不思議なことが起きたのです。

二人が立っているバス停のまわりだけ、雨が落ちてきません。見上げると、バス停の真上の空はポッカリ穴が開いたような青空です。

まわりは夕立なのに、二人がいるバス停の上の空は晴れています。

「うン、狐の嫁入りか？　おかしいな……」と山下さんはつぶやきました。

昔から日本では、雨が降っているのに青空が見えて日が差している、不思議な現象を「狐の嫁入り」と呼び、山下さんはそれだと思ったのです。やがて夕立は去っていき、また暑い日ざしになりました。二人はバスに乗り、足利駅で別れたそうです。

別れ際に山下さんは「お稲荷さんが君の願いを聞いてくれ、必ずいじめはなくなるから負けちゃだめだよ」と少年を励ましました。すると少年も、「はい、ありがとうございました」と、元気に答えました。そのあと、山下さんは思ったそうです。

——バス停だけ雨が降らなかったのは、お稲荷さんが少年を守ってくださった証拠だ。青空で少年を励ましてくれたんだ。狐の嫁入りで「願いを聞いてあげるよ」と知らせてくれたんだ。きっといじめをなくしてくれるだろう。よかった――。

＊＊＊

狐の嫁入りで少年を励ましてくれた門田稲荷は、縁切りのご利益《りやく》があると言われ、明治時代から知られていました。

昔は憎い相手の顔写真を貼ったわら人形をぶら下げたり、社の柱に縁を切りたい者の名刺を画鋲《がびょう》で刺したりと、えげつないことが行われていたようです。

今は神社の方針で絵馬だけになっていますが、それでも「死ね死ね死ね死ね死ね」とか、「あの人に不幸が訪れますように」など、気分が悪くなるようなネガティブな言葉を書いた絵馬が多いそうです。

中でも一番多いのが男女関係のもの。二番目は、だめな自分を変えたいという願望を書いた絵馬。「タバコとの縁を切ってください」「飽きっぽい性格が直りますように」「片づけられない悪い習慣と縁が切れますように」などなどです。

縁切りの霊力が強い、とささやかれている門田稲荷神社

キツネに手を引かれて泣いていた女の子

長野県松本市は、遠くに北アルプスの常念岳《じょうねんだけ》を望む美しい信州の街です。国宝松本城でも知られ、全国からお城ファンが訪れています。

以下の話は、松本市で起きたお稲荷さんにまつわる怪異です。

＊＊＊

松本市で暮らすＯＬ・高井早苗さんの家から一〇〇メートル離れた、大きな家の庭の外れにお稲荷さんが祀《まつ》られていました。小さな赤い鳥居が目立ったそうです。

その家の亡くなったご主人が四十年前、商売繁盛を願って、長野県内のお稲荷さんから分《ぶん》祀《し》していただきました。高井さんは小さいころから、ご主人が祠《ほこら》の前で手を合わせている姿をよく見かけたそうです。

ところが数年前の秋、息子の家族と暮らしていたご主人が亡くなりました。

すると、亡くなったご主人に似ずとても吝嗇家《りんしょくか》だった息子は、広い日本庭園風の庭の半分を家庭菜園にして貸し出しました。広過ぎてむだなので、家庭菜園にして現金収入を得ようとしたのです。しかしそれだけでなく、お稲荷さんの社《やしろ》を取り壊したのです。

「日本庭園を家庭菜園にしたんだ……」

家の前を通りながら高井さんは思いました。ですが、そのときはまだお稲荷さんは同じ場所にありました。ところが三日後にはもう何もありません。祠があった場所は平らな土地になっていたのです。

「え〜っ、お稲荷さんがない！　びっくり。鳥居もない。どうしたんだろう？」と驚きました。

子どものころ、お母さんから、「早苗、あれはお稲荷さんといって、おキツネさんが棲んでいるんだよ。勉強しないで遊んでいると、夜、おキツネさんが来るよ」と、おどかされた思い出がありました。

そして、お稲荷さんが取り壊されて間もなく、近所に噂が広がりました。

——壊したお稲荷さんの社の木材を風呂の薪に使ったらしいよ。ケチだから、捨てるのはもったいないって、奥さんの反対を押し切ったんだって——。

また、次のように言う人もいました。

——とんでもない息子だよ。父親がいなくなるとすぐ、あれほどお父さんに禁止されていた八幡さまの杉の葉でお風呂を沸かすんだから。それにお稲荷さんの社を薪にしたりしてさ。見ていてごらん。きっと神さまの罰が当たるよ――。

噂になったように、この家は今どき珍しく薪を燃やしてお風呂の湯を沸かしていたのでした。息子は亡くなった父親に似ず、とてもけちな性格だったのです。だから庭を家庭菜園にしてお金を得ようとしたり、お稲荷さんの社を薪にしたのでしょう。

八幡さまの杉の葉を風呂の薪代わりに使うのは、信心深い父親からきつく禁止されていました。近所に無人の小さな八幡神社があり、地元の人の憩いの場所になっていましたが、秋になると無人を幸いに、息子が境内の大きな杉の木の葉をかき集めてきて風呂の焚き付けにしていたのです。

息子は叱る父親に、「おやじ、薪代が助かるよ」と言い張ります。それでも、父親の目の黒いうちは言いつけを守っていましたが、亡くなったとたんにまたはじめたのでした。

するとお稲荷さんの社を薪にしてすぐ、怖い噂が立ちました。

「夜、お稲荷さんの祠があった場所に、ボーッと青白く燃える火の玉がフワ、フワとただよっているのよ。二つも三つもよ。もう気味悪いわ！」

「あれは狐火だよ。お祓《はら》いもしないで、突然社を取り壊したからだよ。きっとそのうち罰が

当たるさ」と言いはじめる人もいます。

そして、狐火に追い討ちをかけるように風呂場が燃えたのです。風の強い夜で、あっという間に風呂場は焼け落ちました。幸い、駆けつけた消防隊によって母屋への延焼は食い止められましたが、話によればその日も薪に混ぜて、三日前に息子が手折《たお》ってきた八幡さまの雑木林の枝を焚き付けにしていたそうです。

その後、息子が親戚に打ち明けた話では――、

「二日つづけて怖い夢を見たんだよ。一回目の夢はお稲荷さんの社を薪にした日の夜。五歳の娘がキツネに手を引かれ、泣きながら山道を歩いている。泣く娘の背中をキツネが押し、そのうしろを『伏見稲荷大社』と書かれた幟《のぼり》を持ったキツネが何匹も歩いている。

そして二回目の夢は翌日の夜で、小学六年生の息子が広い草原にぽつんと座り、そのまわりをたくさんのキツネが大きな丸い輪になって囲み、黙って座っている。まわりにはいくつもの狐火が飛び、ここでも息子が泣いている……」という不思議な内容でした。

二晩キツネが出てきて、しかも二人の子どもが泣いている夢に怖くなった息子は、お稲荷さんを分祀していただいた神社に相談しようかと思いましたが、謝礼が要るので迷っている矢先の出来事だったそうです。

三章

神《かむ》上《あ》がれず、さ迷うもの

若い女性が自殺した部屋のお祓《はら》い

皆さまご存じのように、神々にお仕えする私たち神職の一日は、純白の袴《はかま》に純白の浄衣《じょうえ》を身に着け、衣冠正しく、早暁《そうぎょう》、ご神前にかしずくことからはじまります。

私の場合、伊豆山神社の宮司として、この土地、花館《はなだて》を含む高関郷《たかぜきごう》の産土神《うぶすながみ》・伊豆山大神《いずさんおおかみ》に祝詞《のりと》を奏し、人々の暮らしの弥栄《いやさか》を祈願します。

神社の一年は初詣からはじまり、さまざまな神事が執《と》り行われて四季がめぐっていきます。したがって、神職は多くの時間を神社で過ごしますが、時には地鎮祭や竣工式、個人の家の氏神様のお祓い事に出かけることもあります。

神職にとって、それはハレの神事。その土地に鎮《しず》まります産土神や祖霊に、「人々の健康と繁栄をお護りください」と祝詞を奏し、ご加護をお願いします。しかし、時には気持ちが重く沈む、禍々《まがまが》しい凶事のお祓い事もあって、神職の使命の重さを感じる日もあります。

つらいことですが、それは交通事故死や自死が起きた場所・部屋、不幸がつづく家のお祓いなど。言うならば穢《けが》れた場のお清め。死者の霊を鎮《しず》め、大神《おおかみ》の御座《おわ》します幽世《かくりよ》へ神上《かむあ》がっていただくための神事。

そして、そのようなとき稀《まれ》に、ぞっとするような怪異に遭遇することがあります。それは科学では解き明かせない、総身の毛が逆立つ変事です。不幸な死に方をした死者の霊魂はそのままでは神上がることができず、その場にとどまり、苦しんでいるのかもしれません。

＊＊＊

まず、若い女性が自死した部屋のお祓いの話から……。

今から数年前のことです。

その一本の電話は、晩秋の凍《こご》えそうな寒い日、伊豆山神社の社務所にかかってきました。

「はい、伊豆山神社です」。私が電話をとると、「事情があって、アパートの部屋のお祓いをお願いしたいんですが」と、室内清掃業者さんからの依頼でした。

当日、私は白衣に白袴を着け、お祓いのための祭祀用具一式を車に積んで指定の場所に向かいました。社務所から車で十分、そのアパートは奥羽線の大曲駅から数キロほど離れた場所に、ぽつんと建っていました。

「禰宜《ねぎ》さん、今日は難儀かけます。どうか、よろしくお願いします」

清掃業者さんが、アパートの前で待っていました。お祓いに立ち会うのは、ほとんどの場合、清掃業者と私の二人だけ。部屋の仲介不動産業者や大家さんは立ち会いません。この種のお清めは人知れず、ひっそりとしめやかに行われるのです。

なぜならば、大家さんや不動産業者は、不幸があったことを警察以外に知られるのを嫌うからです。もしわかると、「あのアパートの何号室で人が死んだらしいよ」「深夜、うめき声が聞こえる」などと、噂になって怖がられ、何ヶ月も借り手がつかないことがあるからです。

そんな事情でお祓いはひっそりと行い、一時間ほどで済ませます。

「禰宜さん、お清めをお願いしたいのはこの部屋で、ここで十日前に亡くなりました」

「はい、この部屋ですか……」

その1DKの部屋の窓からは、遠くに奥羽山脈が見えました。

遺品はきれいに片づけられ、ガランとした空き部屋。

――この部屋で亡くなったんだ……そう思うと、つらい死に方をした人の霊魂が残っているかのようで、気のせいか部屋の空気が重く感じられます。私は部屋に祭祀用具を運び入れて白い浄衣を着け、烏帽子《えぼし》を冠《かぶ》って厳《おごそ》かな神主姿になり、死者の名前などをお聞きします。

「では、奏上させていただくために、その方のお名前を伺いたいのですが……」

普通の祝詞に相当する祭詞を奏し、死者の霊を鎮魂し、神となっていただくためには、お名前や亡くなった日、事情などを知らないと神々に奏上できません。

祭詞で、「命を断たれた○○子さんの御魂《みたま》の安からんことを……」と、死者の名前を神さまにお伝えするからです。

「じつは、亡くなられたのは○○○さんという、二十六歳の女性です。○月○○日の夜に農薬を飲んで自死しました」

「農薬？　苦しんだでしょうね。いつ見つかったんですか」

「はい、翌日、訪ねてきた勤務先の人が発見したそうです。クロス貼りの壁に、苦しまぎれにバリバリと引っかいた爪の跡が残っていて、見たとき、思わずぞっとしました」

「…………」

警察の調べによれば、女性の婚約者が時々泊まっていましたが、半月前の夜、車で実家へ帰宅途中、日陰の凍った下り坂のカーブで反対車線に出てしまい、対向車線を走ってきたダンプカーに衝突し死亡しました。

——無理にでも引き止めればよかった……、と女性は自分を責めて泣きつづけ、魂が抜けたようになって彼の初七日の夜、部屋で農薬を飲んだのです。

女性の部屋からは、遠くに奥羽山脈が見え……

「そうですか、お気の毒に、心をこめてお祓いをさせていただきます」

私は事情を聞いたあと、儀式のための場をととのえました。

まず、部屋の四隅に紙垂《しで》をつけた榊《さかき》を立てかけ、窓に面した場所に低い白木の祭壇を設けます。祭壇には神籬《ひもろぎ》とする大きな榊と御幣《ごへい》を立て、お米、お神酒《みき》、干魚、昆布、野菜など神饌《しんせん》をととのえ、場のお清めとして天然の粗塩《あらじお》を部屋の四方にサッと撒《ま》く。

祭壇に神籬を立てるのは神々に降りてきていただくため、部屋の四隅に榊を立てるのは結界を作るためです。

「では、お祓いをさせていただきます」

私は心をこめて祓詞《はらいことば》と大麻《おおぬさ》でその場を清め、祭詞を詠み上げて、死者の御魂《みたま》が安らかに神となって天に上がられることを奏上しました。その間、清掃業者さんはじっと目をつぶり、身じろぎもしません。

「…………」

寂しい、たった二人だけのお清め。窓から見える曇り空が泣き出しそうでした。

そして無事にすべてが終わり、「禰宜さん、お疲れさまでした。これで、○○○さんも救われますね。お帰りの道、気をつけてたんせ」

清掃業者さんからねぎらいの言葉をいただき、緊張から解放されると同時に、私はその場の清らかさと爽やかさを感じました。しかし、こんなときは帰りの運転に注意します。気持ちがゆるんで、ブレーキを踏むのが遅れたりするからです。

そして、ひそかに決めている、あることを守ります。

あること……それは、不幸があった場所をふり返らないこと。「うしろを見ると、死んだ人の霊魂が呼ばれていると思い、ついてくるから」です。

ですから不幸のお祓いをしたあと、けっして現場や建物をふり返りません。その日はバックミラーも見ず車のアクセルを踏みつづけました。

しかし、やはり気になり、うしろを見たい衝動に駆られます。自宅にもどった私に、「お帰りなさい。何もありませんでした？」と妻が出迎えてくれました。

「御魂は無事に神上《かむあ》がられたよ」

「ご苦労さまでした」

妻は念入りに、私の身体の全身にゆきわたるよう塩を撒いてくれました。もしかしたら、肩にひっそりと霊が乗っているかもしれません。

＊＊＊

そしてこのようなお祓いのとき、神職が注意を払うのが部屋の空気です。なぜならば、自死・他殺など異常な死に方があった部屋の気は、どこか微妙に違うからです。ただ、部屋はきれいにリフォームされているので、普通の人は知らなければ自死があった部屋だとは気づかないでしょう。

しかし不幸のあった場所には、必ず、重くひんやりとした気がただよっています。それは不幸な死に方をした人の無念さ、怨《うら》みなどが場に残っているものだからです。

ですから、神々にお仕えする私でも、自死のあった部屋に入るときは霊がいるような気がして怖く、無意識のうちに緊張します。

残念ながら私は未来を予知したり、見たりすることはできません。しかし穢れや邪気には敏感です。神道《しんとう》では何よりも清々《すがすが》しさや浄《きよ》らかさを大事にします。ですから、毎日気と向き合っている神職は穢れた気に敏感で、普通とは違うものを感じる能力は一般の人より鋭いと思っています。それは私の中に先祖代々、見えざるものを崇《あが》め、見えざる力を感じて生きてきた、神職の血が流れているからでしょう。

車のうしろの席に乗っていた死者の霊魂

三年前の初冬、あるご不幸のお清めをたのまれました。

清掃業者さんの電話では、

――男性は八十歳。十年前から生活保護を受けて、1DKの部屋でひとり暮らし。トラックの運転手時代の事故で右足を負傷。松葉杖使用だった――。

「布団の上に座り、お弁当を食べる姿で亡くなられていました。のどにつまったようで、弁当箱が転がっていたそうです。配達の弁当屋さんが発見しました」

思わず、私は聞きました。

「それで、ご親族は?」

「はい、市役所の担当者によると、北海道にお兄さんが健在ですが、兄弟の縁は切った、遺品はそちらで処分して欲しい、遺骨も引き取らない、と言っているそうです」

「それはお気の毒に」

「はい、お気の毒なので、ぜひ、丁重にご祈祷《きとう》してあげてください」

「わかりました。おまかせください」

そのアパートは社務所から車で十五分、大仙市の外れの畑の中にありました。昭和の時代に建てられた感じの古びた木造二階建て。今にも倒れそうでした。

「禰宜《ねぎ》さん、この部屋です。どうぞお入りください」

清掃業者さんに言われ一階の部屋に入ると、むっと、かび臭い匂いが鼻を突きました。古びた六畳間に小さな炊事場とトイレ・浴室。遺品は片づけられていましたが、畳や壁はそのままのようで、赤茶けていました。

男性が暮らしていた感じがなんとなく残っていて、私は思わず暗い気持ちになりました。

「最近では一年中布団を敷きっぱなしで、寝たり起きたりしていたそうです。訪ねてくるのは市役所のケースワーカーと民生委員、弁当屋さんだけでした」

「そうですか、秋田は若者が都会へ出て行って、残っているのは老人が多いですからね。お気の毒に……結婚されていなかったんですか」

「はい、ずっとひとりだったようです」

「わかりました、では、心をこめて神上《かむあ》がりを祈願させていただきます」

一階のその部屋は昼間でも電灯を点《つ》けないと暗く、底冷えのする、ゾクっとする気配がただよっています。私はその嫌な気配を祓《はら》うために気持ちをこめて大麻《おおぬさ》をふり、「かけまくも、かしこき……」と祓詞《はらいことば》を奏しはじめました。

するると、神事の途中、異変が起こったのです。

参列している清掃業者さんに玉串を渡しているとき、天井の上から「ガシガシ、ガシガシ……」というかすかな音が降りてきたのです。私も清掃業者さんもハッとして、身がすくみ、思わず天井を見上げました。

「な、なんだすべ……」、業者の声がうわずっています。

二人は金縛りに遭《あ》ったように、緊張でこわばりました。

「…………………」

私は気をとりなおし、音が聞こえるところの真下に立って天井を見上げ、とっさに「はらいたまえ　きよめたまえ……」と大声で祓詞を詠み上げました。すると、天井の怪音はスーッと消え、ほっとしていると清掃業者さんが、

「禰宜さん、カラスだすぃべ。たまたまカラスが屋根に降りてきたんだすよ。いゃ〜、タイミングがぴったりでどでんしたぁ。神さまのお使いだすべか、まるで霊魂をお迎えにきて、そして飛び立ったようだしな」

伊豆山遠景（手前玉川・中央伊豆山）

と言いました。びっくりしましたが、その後、無事に神事は終わりました。

「禰宜さん、いいお祓いをしていただき、○○○さんも思い残すことはねえすぃべ」

「ぅンだすな。御魂《みたま》は安らかに眠られ、神さまになられたすぃべ」

と挨拶を交わし車のハンドルを握った帰路で、今度こそ、心臓が凍りつくようなほんとうの怪異が起きたのです。

＊＊＊

冬の短い日が落ちかかった道を、私は家路を急ぎ車を走らせました。もちろん、今回もうしろは見ません。

——一人で死んでいるなんて気の毒に……。でも、カラスには驚いたなぁ。などと考えながら運転し、やがて見慣れた二股道の、自宅がある方の道にハンドルを切りました。

「もうじきだ……」

私はほっとしながら、今夜は日本酒で一杯やろうなどと思いつつスピードを加速。ところが、しばらくして、私は「なんだ、これは～！」と叫びました。

気づいたら景色が違い、なぜか周囲は田んぼばかり。いつもの道ではありません。それどころか車のはるか前方に、秋田市へ向かう旧道の峠道が見えています。

「わわわわわわわ！」

「なんだ、これは！」

気が動転というのは、こういうことを言うのでしょうか。

自宅に向かっているはずが、車はいつの間にか二股で別の道に入っていたのです。それなのに、なぜか私は気づかなかった。「どうしてだ？」と考える間もなく、車はあっという間に峠道に差しかかっていました。

――どうして道を間違えたのか？　どうして、もっと前に、外の景色に気づかなかったのか？　おかしい、亡くなった男性のことに気をとられていたせいか……。

私はあわてて車を止め、狭い峠道で苦労してUターン。来た道をもどりはじめました。気がつけばいつの間にか日が暮れて、車の外は真っ暗です。何かぞっとして不安になり、思わずハンドルを固く握り緊張しました。

するとさらに、道を間違えたことよりもっと恐ろしいことが起きたのです。

車を方向転換して峠道を下りはじめたとき、私は、うしろの席に誰かがいる気配を感じ、同時に、背筋を冷たい手で撫でられたような寒気がしました。

「誰かいる、何かいる！」

恐ろしさに震えながら、私はチラッと車内のバックミラーを見ました。しかし、シートには誰もいません。ですが、何かいる気配がするのです。

私はたまらなくなって、真っ暗な峠道の片端に車を停めました。そして、車内にお祀《まつ》りしてある伊豆山神社のご神札を左手に持って車から飛び出し、うしろの荷物スペースから出したお祓いのための大麻《おおぬさ》を右手に持ちました。

そして、室内灯とヘッドライトだけの闇の中でうしろのドアを開け、ご神札を前に突き出し、右手で大麻を大きくふって一心不乱に祓いました。やがて、誰かがいる……という気配は少しずつ弱くなり、スーッと消えました。シートには何の痕跡もありません。しかし、間違いなく誰かが座っていたのです。

――もしかしたら……と思いました。のどに食事がつまって死んだ、男性の霊が来たのです。

そして、ハッとしました。

「うわ、うわ！」と叫びそうな、もっと怖いことに気づいたのです。

なぜならば、いつの間にか私は北へ向かっていたからでした。

秋田、そして青森の先には津軽海峡があり、その先は北海道。あの男性の生まれ故郷でした。

いつの間にか男性の霊魂が私にとり憑《つ》き、故郷・北海道へ向かわせていたのです。

しかし幸いなことに、車中にお祀りしてあった伊豆山大神《いずさんおおかみ》のご神札のご神力で、私に正気がもどり、道が違うことに気づいたのです。

ぞっとして震えが止まらず、私は夢中で祓詞を唱えながら自宅へ車を走らせました。

家にもどった私は車の周囲に盛り塩をして、丁重に車のお祓いをしました。そして、このことを妻には一切言いませんでした。言っても信じてもらえず、「疲れていたのよ」と笑われるのがオチですから。

＊＊＊

私が体験した怪異は、少し前なら狐や狸に化かされたことになるのかもしれません。

そういえば、狐や狸にだまされた話は日本中にありますが、ここ秋田にも狐に化かされた話がたくさん残っています。

夜になっても家の者が帰ってこないので捜したら、田んぼに寝ていた。「いったい、どうしたんだ?」と聞くと、本人は「いい温泉だ」とニコニコしている。旅の薬売りが裸で田んぼの肥溜《こえだめ》めに入っていた。道に立っていた美人に誘われて、彼女の家で一緒に風呂に入っていたつもりだった、などなどです。

ご神札といえば、八十五歳で亡くなった祖母は、

「狐にだまされる？　電気がなかった昔は、そんなことしょっちゅうだったさ。遠くさ出かけて、夜、山道を帰ってくる村の衆が狐に化かされないように、よく、うちのご神札をいただきに来たもんさ。狐もご神札にはかなわないんだがら」

と言っていました。さらに、

「古いご神札ではなく、新しいのでなくてはだめだよ。野狐だってお稲荷さんのご眷族《けんぞく》で力があるからね、新しいご神札の方が効き目があるのさ」

と笑っていたものです。

愛猫に会いにきた、夫に殺された妻の霊魂

人は誰でも、この世を去るときぐらいは家族知人に囲まれ、惜しまれ、花で飾られて葬られたいと願うものです。しかし、思いもよらない死に方をしたとき、果たして、その人の霊魂は安らかに眠れるのでしょうか。

亡霊、死霊、怨霊《おんりょう》、怨《うら》み、祟《たた》り、呪い……たくさんの怖い言葉が、「安らかに旅立てなかった死者の霊魂は、怨みを引きずってこの世にとどまる」ことを暗示しています。次の話は、そんな言い伝えが現実に起きた身の毛もよだつ怪事です。

＊＊＊

八十二歳の寝たきりの妻を八十五歳の夫が絞め殺したその事件は、十五年ぐらい前に秋田県北部のある町で発生しました。お祓《はら》いしたのは地元の神職で、そのとき起きた怖い話が神職仲間の噂になったのです。

現在も関係者が暮らしているので、身元が特定できる詳細は差し控えさせてください。

夫婦は年金暮らしで、脳梗塞で倒れて八年間寝たきりの妻を夫が介護。しかし、高齢になった夫が悲観して妻の首を荒縄で絞め、自分も手首を切ったが死ねず救急車を呼びました。夫は殺人罪で逮捕されましたが情状が酌量され、短い刑に服したそうです。日本人の四人に一人が六十五歳以上の今、他人事とは思えない悲しい事件です。

私は思わず、この話をしてくれた神職に聞きました。

「それで、子どもさんはえねがったべが?」

「娘が一人いたんだけどぉ、交通事故で亡くなったんさ。一〇部屋ちょっとある、大きな旧家に夫婦で暮していたんだぁ」

「家は親類の依頼で清掃業者が片づけたんだけどぉ、そんときお祓《はら》いはしねがったんだって。親類が若い甥《おい》だったんで、なんども思わなかったらしいよ。ところが、ある変わったことが起きたんで、事件の半月後、地元の神主のとこさ駆けこんだんだと」

その変事は、亡くなった奥さんが可愛がっていた猫に起きました。甥の家に引き取られて三日目の夜から、猫におかしなことが起こりはじめたのです。朝から夜までじっとうずくまっていた猫が、ある時間になると鳴き出し、駆け回って騒ぐのです。

「それがぁ、夜の十時になると、猫が急にミャ〜、ミャ〜って鳴き出し、走り回るんだよ。そして、寝転がって腹を見せでゴロゴロとのどを鳴らす。まるで、誰かに甘えているようなんだ。そんで、このあとがおっかねンだ」

「どうしたんだ」

「それがさぁ、三浦さん、奥さんが殺されたのが夜の十時なんよ」

「えぇえぇ！！」

「奥さんが死んだ十時に、可愛がっていた猫に会いに来たんだべ」

「間違いね、霊が来たんだ！　お祓いしなかったからさぁ、迷って神上《かむあ》がれなかったでねべが」

そしてこの怪事を怖がった家族が、祖父に「お祓いしなかったがらだ！」と怒られ、地元の神職に助けを求めたのです。それで急いでお祓いをすることになり、「猫も一緒にお清めしよう」と、当日、清掃業者が猫をケージに入れて運んで来ました。

「十何室もある家じゃあ、時間かかって大変だったんでねが」

「そうらしいよ、終わったとき、神主はぐったりしてだって」

「ウンでさあ、猫も一緒に祓うって初めてでねが。暴れねがったかぁ」

「ケージに入れたまま祓ったらしいんよ。猫に憑《つ》いてるといけねから」

「おっかねえ話だなぁ」

ところがこの日、信じられないことに、なんと怪事が二度も起きたのです。

＊＊＊

それは奥さんの名前が祭詞で詠み上げられると同時に、猫がケージの中で狂ったように、ギャオ〜、ニャオ〜と大声で鳴き、ケージに爪を立て、噛みついて暴れはじめたのです。

「いやぁ〜、神主も清掃業者さんもびっくりしたっで。そンで、清掃業者さんがケージを押さえつけたんだぁ。でも、しばらく暴れてた。神主も一瞬祭詞をやめ、猫を見たら、もう普通じゃなかっだってさ」

「そんとき、霊魂が別れにきたんだべな」

「そンで、神主は夢中になって祭詞を詠みつづけたんよ。すると、だんだん静かになったんだ。ウンで、もう一度怖いことが起きたんよ」

「まだがぁ？　信じられね」

それは神事の終わり近く、神々と一緒に死者の霊魂に神上がっていただく、昇霊の祓事《はらいごと》の途中のことでした。

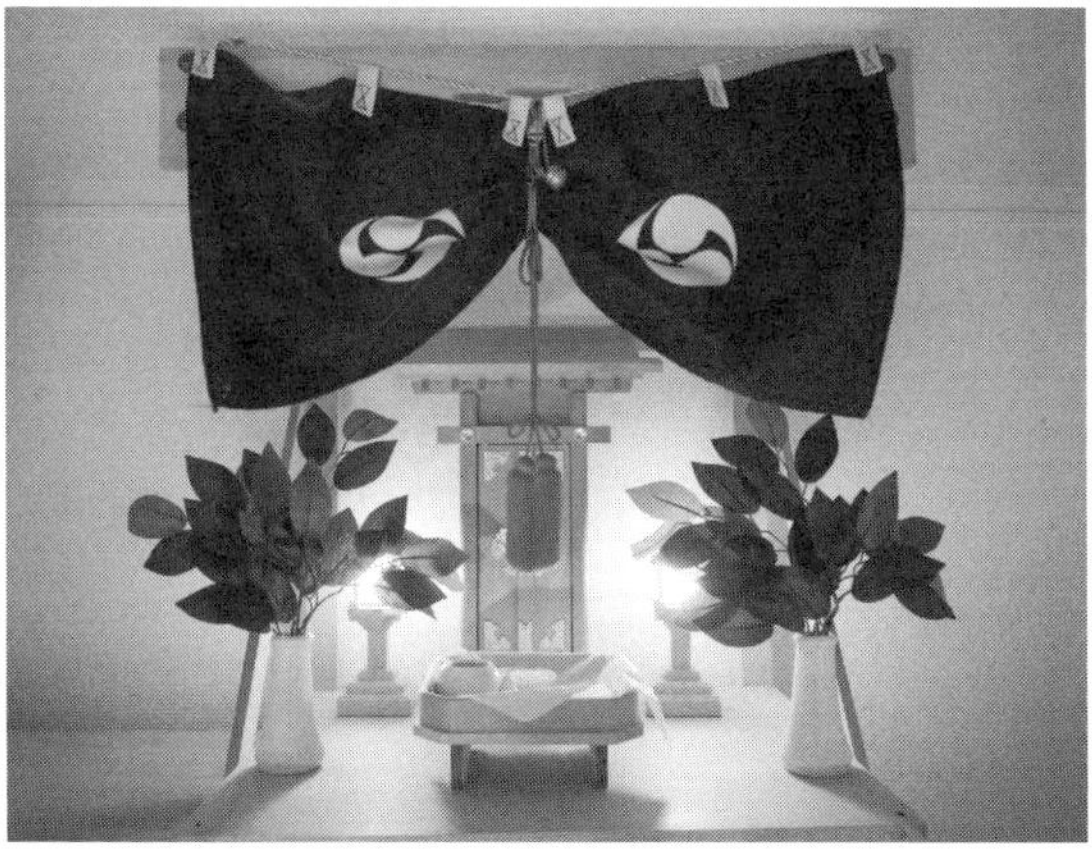
その怪異は昇霊の祓事の途中に起きた

「いきなり、榊《さかき》が二本もバタ、バタって倒れたんだぁ。その神主は何十回もお清めしてるけどぉ、榊が倒れたって初めてだって。でも、それだけでながったのさ。二本のロウソクの火が激しくゆれたんだって、部屋の中で風もないのに。おっかねよ、榊にロウソクだろ。そりゃもう、神主も心臓が止まりそうになっだってよ」

「そりゃぁ、御魂《みたま》が暴れたんでねが。もっと生きたかったのに、殺されたのがくやしく、まだ猫や家にも気持ちが残ってたんだべ。きっと動物は霊魂が見えるんだよ」

「まったぐだ、人にはわがらねが」

その後怪事は起こらず、お清めは終わったそうですが、すぐには信じられない話です。あとで知ったところによると、若い神主では験力《げんりき》が足りず、霊魂に負けるかもしれないということで、経験を積んだ老練な神主が祓ったそうです。しかし、さすがに気力を使い果たし、家で倒れこんだと聞きました。

このようなお祓いの場合、必ずしもすべての部屋は祓いません。

しかし霊魂が家にとどまっていると思われるため、今までと同じ神事では霊魂が救われません。

そこで、祭壇を神棚と仏壇がある部屋に設け、まず先に奥さんが殺された寝室を祓い清め、そののち、特別にすべての部屋、庭、玄関、廊下などくまなくお祓いしました。

しかし、ここまで死者の霊魂がはっきりと姿を現したのは珍しいと思います。

ただ霊は死後しばらくの間、家や愛着のあったものにとどまるので、その間は毎日神式、仏式を問わず手を合わせてください。好きだった食べ物をお供えすると喜びます。

私は子どものころ、祖母から「動物には、人には見えないものが見えるんだぁ。犬や猫もそうだぁ」と聞かされたことがありました。

いくつも不幸がつづいた家のお祓《はら》い

これは、悪いことがいくつも重なった家をお祓いしたときの話です。

数年前、私が暮らす大仙市のとある家に不幸や災難がつづきました。その家は祖父と祖母、両親、それに大学生の長男、高校生の次男と長女、愛犬一匹の家族でした。

ところがその家では一年の間に、元気だった親類が突然心臓麻痺で亡くなり、長男がサイクリング中に転倒してけがが、庭の大木の枯れた枝が落ちて犬に当たる、母親が雪道で滑って転倒入院、仏間のロウソクが倒れて畳を焼く……などのいくつもの災難に見舞われました。

そこで、悪いことがつづくのを心配した祖父と祖母が、

「これは、家族に何か悪いものが憑《つ》いたり、呪われているのかもしれない。もっと不幸が起きるといけないから、ぜひ、禰宜《ねぎ》さんにお祓いをしていただこう」

ということになり、私がお清めに伺ったのです。

その家は神仏を敬《うやま》う家柄です。伊豆山神社の祭祀・神事にもご家族そろってお見えになっていました。

「それはご心配ですね。もしかすると、何かよくない邪気が家や家族のどなたかに憑いていたり、ご家族や家の運気が下がっているのかもしれません。ご神徳によって運気を上げ、邪気を祓いましょう」

と申し上げました。

人間にはバイオリズムという体調の波があることはわかっていますが、体調だけではなく、人には運気の波があります。さらに、運気は個人だけのものではなく、家族や家も運気の波から逃れることはできません。

上昇する力「気力」が弱くなった名家や旧家、企業が時代の波に呑まれて没落したり、消えていくのがそのいい例でしょう。

「元気」「勇気」「空気」「気分」「陽気」「陰気」「気配」「気くばり」「気性」「気力」などという言葉が、気の大切さを表しています。気は見えないからこそ注意が必要で、中国人が大事にしている「風水」はまさに気の思想。

以上のような事情で、私はそのお宅に伺いました。

「禰宜さん、お忙しいところすみません。どうぞご神力でお守りください」

と祖父・祖母・ご主人・奥さんがお揃いで出迎えてくれました。本来ならばご家族全員をお祓いした方がいいのですが、お子さんは学校です。

私は神棚がある部屋の神棚の真下に祭壇を置き、神饌《しんせん》をととのえました。そして、住まいの四隅に榊《さかき》を立てます。

白い浄衣《じょうえ》を身に着けたのち、修祓《しゅばつ》、祝詞奏上のあと、各部屋、廊下、庭、玄関を清め、犬小屋と犬も祓いました。私のうしろでご主人がお神酒《みき》、塩、米を持ち、さらにご家族皆さんが一緒に回り、広いお宅なのでかなり時間がかかりました。

そして最後に、里宮のご神前に捧げてお祓いをした、伊豆山神社の新しいご神札を神棚に祀《まつ》りました。大神《おおかみ》さまがご家族を見守り、お守りくださるでしょう。

こうしてお祓いは無事に終わり、私は浄衣を脱いで烏帽子《えぼし》をとり、お茶をいただきながら皆さんとお話ししたのです。

祖母が、「禰宜さん、もうだいじょうぶだんすぃべか?」と聞きます。

「はい、家の中すべてお清めし邪気を祓いましたので、ご安心ください。よく同じようなお祓いをしますが、ご不幸が一人に集中したわけではないので、だいじょうぶです」

と申し上げましたら、祖父が、

「いやぁ、これで安心したっし。家族全員、生き物をいじめたわけでもなく、人に怨《うら》まれるようなこともしていません。東日本大震災のとき孫たちはボランティアに参加し、私たちもお金や衣類を送りました。毎日、神仏にも手を合わせています。

悪いことがつづいたのは偶然でしょうね。でも、お祓いしていただいたら、明るい爽やかな気分になりました。家族が集まる居間の隣部屋の神棚に、新しいご神札があれば安心です」

と喜ばれ、私もほっとして帰宅しました。

幸い、その後はご家族には何事もなく、皆さんお元気のようです。

＊＊＊

この家の場合のように、私たち神職はさまざまな邪気や障《さわ》りをお祓いし、神さまにその人のご加護をお願いしています。

人間は弱く、昔は雨乞《あまご》いをはじめ、あらゆることを神仏に祈願し、たよったものでした。人にとって神仏は精神安定剤という意味合いもあるのかもしれません。

この家の場合、偶然に悪いことが重なったのでしょう。邪気は感じられませんでした。

「幸せがつづいて欲しい」と願うのが人情で、軽い気持ちで引いても、大吉のおみくじだとうれしくなり、凶が出れば不安になったりもします。

この家のように、悪いことがつづけば不安になるもので、それは当たり前。誰でも弱気になり、おびえ、悲観し、すべてを悪く考えるものです。すると、不思議なことに暗い気持ちはさらに不幸を呼び、いっそう悪くなるものです。

そのようなとき私たち神職は、その人の「暗い気持ち」という邪気、穢《けが》れを祓い、神々からいただいた、清々《すがすが》しく力強い波動や「気」でお包みしています。

もし、自分に自信がなくなり悩んだときは、自然万物に宿る神々の大いなるお力「爽やかな気」をいただいてください。必ず運気が上がり、物事が好転していきます。

結婚式があると涙を流す花嫁人形

——日本人形が涙を流す……という怖い噂が、京都の神社ファンの間でささやかれたのは今から三年前でした。この怖い噂が立ったのは、京都のとある神社でした。名前を聞けば誰もが、「ああ、あの神社、聞いたことがある」とうなずくでしょう。

千年以上も前の昔に創建された神社の、美しい社殿。厳《おごそ》かな雰囲気。お宮には毎日たくさんの観光客が詣でています。日本を代表する神社のひとつと呼んでいいかもしれません。

この不思議な噂は、京の神社めぐりが好きな藤田みどりさん（仮名）が教えてくれました。その神社の巫女さんが友達に話したのが耳に入ったそうです。

＊＊＊

三年前の四月、大きな日本人形を抱いた七十代の品のいい夫婦が神社にやって来ました。応対した神職は夫婦が抱いている人形の白無垢の花嫁姿と、小学一年生の子どもほどもあるその大きさに目を見張りました。すると、子どもをあやすように抱いていた人形を下ろし、主人は驚いた神職の顔を見ながら次のように語ったそうです。

——この人形は先月、婚約者を残して乳がんで死んだ娘をかたどったもんどす。三十六歳の遅い婚期でやっと幸せをつかんだ娘は病魔と闘いましたが、だめやったんです。私たちは娘が哀れでなりまへん。そこで、せめてもと思い、人形屋さんに花嫁衣裳を着た人形を作ってもろたんです。娘は幼いころからこちらさんが好きで、「大きくなったら、あの神社はんで結婚式を挙げるんや」と言うてました。

どうか、この人形をかわいそうな娘だとお思いくださり、娘の魂が安らかに眠れますよう、人形をこちらはんに納めさせていただけまへんやろか——。

ところが、事情を聞いた神職は丁重に断りました。

そもそも、この神社は成り立ちや歴史が普通のお宮とは違います。たのまれれば人形のお祓《はら》いをして魂を抜き、「忌火《いみび》」という清浄な火で焼くお焚《た》き上げは行いますが、慰霊のために人形を祀《まつ》っておく、ということはしていません。

しかし結局は、「ひと月でいいから、娘のために祀ってください」という夫婦の強い願いに押されて、神社はひと月だけの約束で、お祓いして魂を抜いた人形を神社の人目につかない場所に祀りました。

夫婦が抱いてきた人形は、小学一年生ほどもある大きさだった（イメージ写真・人形供養 本寿院）

昔から日本には、幼くして亡くなった子どもの慰霊のために、小さな石のお地蔵様をお寺に納める風習がありました。また和歌山県の淡嶋《あわしま》神社には、故人の供養のために、故人が愛した人形が三〇万体も奉納されています。

人が亡くなると家族は故人の遺品を整理しますが、扱いに悩むのが人形やぬいぐるみ。古代から人形は人間の形をかたどった「人形《ひとがた》」で、単なる物ではないと考えられてきました。人形には魂が宿るとされ、今でも大切に扱われています。小さい女の子は人形遊びが好きで、人形を人間のように思って語りかけ、楽しく過ごします。

ですから、娘の慰霊を願うこの夫婦の気持ちはごく自然なものでした。

人形を祀ってから半月後、ふと気になった若い神職が人形を見にいきました。

すると、ほの暗い社殿の中、花嫁人形は初めて見た日と同じように、大きな目で哀しげにじっと前を見つめていました。神職は小さな口に塗られた、赤い紅にドキリとしました。

そして、「怖いな……」と思いながら恐《おそ》る恐《おそ》る人形を見た神職は、ハッとしました。人形の大きな両目の下に、目から流れ落ちた涙のようなシミがあったからです。彼は埃《ほこり》かと思い布で拭くと、それは埃ではなく水のシミでした。

駆けつけた全員が凍りつきました。若い巫女は「怖い〜」とおびえます。

そこで夫婦に来ていただき、事情をすべて話しました。そのうえで、「お約束ではひと月ですが、もうこれ以上はお祀りできませんので、人形をお焚き上げしませんか？」と説得したそうです。

すると神職の話を黙って聞いていた夫婦は、神社に感謝の気持ちをこめたお礼の言葉を述べたあと、次のように言ったそうです。

――この神社はんで結婚式を挙げたがっていた娘の想いが人形にのり移り、こちらはんで結婚式があるたびに娘が涙を流しましたんや。それに違いありまへん。娘が不憫《ふびん》ですわ。

そして夫婦はお焚き上げされた人形の灰の一部を持って、京都を流れる鴨川に向かいました。鴨川は娘が好きで、よく親子で散歩した場所。婚約者とも手をつないで歩きました。仲よく岸辺に座って、水の流れを見ながら語り合ったところです。

夫婦は、たとえ少しでも鴨川に人形の灰を撒《ま》くことで、娘の霊が穏やかでいられることを想って川に灰を流し、手を合わせたそうです。

信仰の山・出羽三山

四章　東北・みちのくの怪異

神さまはいらっしゃる

七年前のあの日、東北の海辺の神社に避難した人たちは、寒さと飢えと暗闇の中で震えながら、「神さまはほんとうにいらっしゃる」と強く思いました。それまで宗教とまったく無縁の人たちが、神の力を感じました。

平成二十三年(二〇一一年)三月十一日、私たちが体験したことのない大津波が、岩手・宮城・福島の海岸を襲ったあと、奇跡としか思えないようなことが起きたのです。それは、津波に襲われた三県の海辺に建つ多くの神社が、すぐそばまで波が押し寄せたのに、ギリギリのところで助かっているからでした。

——なぜ、津波は神社の手前で止まったのか——。

この答えを見つけるために、大震災直後、ある研究グループが福島県に入りました。神社の様子を調べるために、車と徒歩で福島県の太平洋沿岸の神社を回ったのです。彼らが訪ねた神社の数は八四社。瓦礫《がれき》の山を乗り越え、黒い泥に足をとられながら歩き、神社を一社ずつ見て回ったのです。

こうして出た結果は、八四社の神社のうち七六社が流されずに残っていた、という事実でした。調査に当たったスタッフは、「神さまはいる」と感じたそうです。

一瞬にして自分たちが住んでいた集落が流され、家の土台だけが残るただ一面の平地――この想像もできない惨状の中で、多くの神社が無傷で残っていたのでした。場所によっては一メートルの高さの津波が境内に浸入したのに、社殿の高さが一メートルほどあり、奇跡的に残った神社もあったのです。

信じられないことに、津波はほとんどの神社の手前で止まっていました。

それも、いつの時代に建てられたか不明な古い社《やしろ》は助かったのに、近年に建てられた神社のほとんどは流されたのです。わかったのは、「神社の多くは、波が止まる喫水線《きっすいせん》ギリギリの場所に建っていた」ということで、これはきっと、神さまが津波が止まる場所を教えてくれていたのでしょう。

日本人は自然とともに生き、自然を神として畏《おそ》れ、敬《うやま》ってきました。山や木々、大きな岩、海や川や滝、生き物、水や雨、作物、大地、そして月や星や太陽を……。

自然の力を敬い、人はその力によって生かされていると考え、やがてそこから八百万《やおよろず》の神々が誕生し、神道《しんとう》が生まれ、神社が建ちました。自然の中に神という人智を超えた大きな存在を感じて暮らしてきたのが日本人、と言ってもいいでしょう。

しかし、いつの間にか私たちは傲慢《ごうまん》になっていて、見えない大きな力を忘れかけていました。そんな中、私たち一人ひとりがあの日神さまを思い出したのです。

目に見えるものだけがすべてではありません。見えないものを感じて畏れるナイーブさや謙虚さ、敬う気持ちを失わないようにしたいものです。

＊＊＊

神さまはいらっしゃる――。

あの日、押し寄せた津波が神社の手前で止まり、多くの社が助かりました。しかしそれだけではなく、宮城県に津波の襲来を事前に告げた神社があったのです。

宮城県のほぼ中央、太平洋岸の港町・塩釜市。

松島湾を一望する丘の上に鎮《しず》まる鹽竈《しおがま》神社は、古くから崇《あが》められてきた陸奥国《むつのくに》一之宮。長く高い石段を登った先に、荘厳な社殿が海を見下ろして鎮座しています。

奥州一の格式を誇る神社は平安時代初期には祀《まつ》られていて、塩土老翁神《しおつちのおぢのかみ》をご祭神として、

奥州一の格式を誇った鹽竈神社楼門

藤原一族や伊達政宗に篤《あつ》く信仰されてきました。

このご祭神は神話の「海幸彦《うみさちひこ》、山幸彦《やまさちひこ》」に登場する神さまで、兄・海幸彦の釣り針をなくした弟・山幸彦を海の宮殿に案内しました。漁業や製塩を守っていらっしゃいます。

不思議なことは、その鹽竈神社の境外末社のひとつ御竈《おかま》神社で起きました。

「御竈」という名は、塩釜という名前のもとになった神さまの釜・神竈《かみがま》が安置されているからなのです。この御竈神社では毎年七月四日から六日にかけて、藻鹽焼神事《もしおやきしんじ》という儀式が行われ、でき上がった塩は参列者に配られています。

この御竈神社の一角に古代、製塩に使った釜が四口祀られています。いずれも鉄製でいつの時代のものかは不明ですが、ご祭神の塩土老翁神が製塩の技術を人々に教えたときに使われたとされています。

この四口の神の竈が、東日本大震災を予告しました。

直径四メートルほどの釜にはいつも海水が張られていて、どんな日照りのときでも水が枯れることはなく、台風や大雨でも釜から溢れることはありません。

不思議なのは、異変が起こるときは前触れとして、必ず水の色が変わるということでした。

江戸時代には神竈の水の色が変わったら、必ず急いで藩に知らせることになっていたそうです。

そして言い伝えどおり、あの日神の竈が凶事を予告しました。

ふだんは赤褐色に濁っている釜の水が、十一日の午前八時ごろに見ると、きれいに澄んだ透明な水に変わっていたのです。

午後二時四十六分、激しい揺れが襲いました。

あれから七年、今は何事もなかったように神竈の水は赤褐色にもどっています。

縄でグルグル巻きにされたご神像

神職である父から聞いた、昭和二十年代半ばの話です。

秋田県の南部に位置する、当時の花館《はなだて》村役場の職員が高熱を出しました。

お医者さんに診てもらったところ、風邪だろうということで薬をいただいたのですが、一向に熱が下がりません。そこで心配した家族が、よく当たるという〝神さん〟(イタコのような年配の霊能女性)に相談したところ、

「役場の小屋さ、縄でグルグル巻がれたまんまほっぽかれてる『神さま』がいるなぁ。その神さまをめっけて、懇《ねんご》ろに拝まねばならね」

と、言われたそうです。

そこでさっそく小屋の中を探したところ、神さんの言うとおり、むしろに包まれ、荒縄でグルグルと縛られたモノがありました。

縄をほどいてみると、出てきたのは古びたご神体のような像でした。古老に見てもらったところ、これは火の神さまである愛宕大神《あたごおおかみ》ではないかということです。

「こりゃあ、えらいことでねが、神社さ、お運びすべぇ」

　と、見つかったご神像は伊豆山神社に持ちこまれ、神職である私の父が確認するとともに祝詞《のりと》を奏して、家族と役場の代表者が今までの不作法を詫びるとともに、懇《ねんご》ろに手を合わせました。そうしたところ、翌日には職員の高熱が下がり、普通の状態にもどったそうです。元気で役場にも通えるようになりました。

　そのため、ご霊験《れいけん》をいただいた職員や家族親類はその後、愛宕大神さまを深く信仰するとともに、そのご神像を大事にして熱心にお参りするようになったそうです。

＊＊＊

　そうしたある年、そのお参りに参加していた親類の家の近くで火災が起きました。風が強い日で、火の手がその家のすぐそばまで迫りました。しかし不思議なことに、隣の家まで火の手が及んだあと風の向きが変わったのです。親類の家は助かりました。

　ありがたい、火伏せの神さまのご霊験でした。

　それ以来、親類の人をはじめ、たくさんの人たちが、「これはきっと、愛宕大神さまのご加護だぁ。ありがてぇ」と感謝してお礼を申し上げ、以後、現在も熱心にお参りが行われています。

当時父が調べたところ、その「ご神体」は江戸時代に修験者《しゅげんしゃ》がいた社寺「愛染院《あいぜんいん》」にお祀《まつ》りされていたものでした。

明治以前、日本では神社とお寺が同居していましたが、明治時代初めの、神社とお寺を分ける神仏判然令により神仏は別々にされ、修験禁止令が出されました。愛染院も廃寺となり、そのとき、愛宕大神のご神像を救うため小屋に隠したようです。

そのようなことがあったあと、愛宕大神は神社に鎮《しず》まり、一年に一度、子孫や関係者が集まって火事防止の火伏せや、家内安全の祈願が行われています。

このむしろに包まれて見つかった愛宕大神は、京都の西にそびえる霊山・愛宕山《あたごやま》に鎮座する愛宕神社のご祭神です。私も一度参拝させていただきましたが、大変気の力が強い神さまです。飛鳥時代に創建されて、「火難除《かなんよ》けの神さま」として信仰されてきました。

ご祭神は迦具土命《かぐつちのみこと》や伊邪那美命《いざなみのみこと》で、全国に数多く勧請《かんじょう》されました。

古くから、修験者が日本中に愛宕信仰を広めて多くの社寺で祀られたので、見つかったご神像もそのひとつだったのでしょう。

伊豆山の登り口に祀られている「勝幸運稲荷神社」

伊豆山の頂上に鎮座する「大国社」。大国主命と恵比寿神が祀られている

井戸に身を投げた娘の怨《うら》み

自殺や事故死があった場所でおかしなことが起きたという話は、昔は秋田県の各地にありましたが、古いことはほとんど忘れられてしまいました。

しかし幼かった父が、ある怖い話を祖父から聞いていました。

昭和の初めに東北を大冷害が襲い、米や作物が獲れず、多くの農民たちが苦しみました。東北は昔から幾度となく冷害や日照りに苦しめられてきましたが、このときの冷害は「昭和の大冷害」として、歴史に残るほどのひどいものだったそうです。

あちこちで借金を返せず夜逃げしたり、食べる物がなく一家心中する家族が続出しました。最後の手段として年ごろの娘たちは人買いに売られ、日本各地の遊郭で男を相手に春をひさいだのです。娘を売った金で命をつなぐことができた家族もいました。

そんな中、秋田県北部のある貧村にも人買いがやって来て、年ごろの娘を買っていきました。時にはまだ十二、三歳の子もいましたが、娘たちは親のため、家のためにと親から因果を含められ、泣きながら人買いに連れられていったそうです。

ところがその村のヤエという十五歳の娘だけは、どうしても嫌だと泣いて抵抗しました。親はそんな娘を、「おめえが働いて金さぁ、おぐってくんねえど、婆も爺もおっかさんも、妹も生きていけね。たのむぅ、町で働いて、助けてけれ」と、説得しました。

ヤエの家は先祖代々、ここでわずかな土地にしがみついて生きてきた貧しい百姓でした。高齢の祖父・祖母、四十代の両親、ヤエの下に三人の弟と妹がいます。

家に残っている米といえば、大事に家の納屋にしまってある翌年蒔《ま》く種モミだけ。これはどんなことがあっても食べてはいけないもの。これに手をつけたら来年米を作れません。

しかし、家族が秋から冬を乗り越え生きていくためには、どうしても金が要ります。あと考えられるのは、可愛い娘を人買いに渡す道だけ。祖父母も両親も泣きました。父親が毎年春に出稼ぎに行っていた北海道のにしん漁は、まだずっと先のこと。

ところが日ごろは従順な気立てのヤエが、「それだけは勘弁してけれ、山で薪さひろっだり、山菜採っだりして稼ぐから、それだけはゆるしてけれ」と泣いて抵抗しました。十五歳の娘は本能的に、自分が何をやらされるか感づいていたのです。

そして、どうしても嫌だと泣き通した末、明日人買いが来るという日の夜、親が寝たあと村の共同井戸に飛びこんだのでした。

翌朝、水汲みに来た村人がヤエの遺体を発見しました。深い井戸の中をのぞくと、薄暗い底に黒髪がゆらゆらとただよっています。

村中大騒ぎの中、ヤエを引き上げるためヤエと同じ年ごろの身の軽い少年が、「村のためだど、がまんして井戸の中に下りていってけれ」と村長からたのまれて、命綱をつけて暗い井戸の底にじわじわと入っていきました。

そして日の光も届かない、暗く寒い井戸の底に浮いていたヤエの着物の帯に、引き上げる綱の金具を引っ掛けたのです。ヤエは水に顔をつけて下向きに浮いていました。しかし少年が金具を引っ掛けたとき、なぜか体がぐるりと一回転して顔が上向きに――。

大きく見開いたヤエの目が、まるで生きているように少年をじっと見ました。「おめぇ、よぐ、下りてきてぐれたな……ありがとよ」と言っているようです。

ヌルヌルと苔が生えた真っ暗な深い井戸の底。長い髪が生き物のようにゆらゆらと水にただよいながら、ヤエの顔にからみついています。ボーッと顔だけが白く見えました。

「うう、ううう……」

少年は目をつぶり夢中で金具をヤエの帯に引っ掛けると、自分を引き上げるようにグイグ

ヤエは暗い井戸の中に身を投げて……（写真・株式会社 相模地水）

イと必死で命綱を引きました。まごまごしていると、そのうちヤエの手がのびてきて、自分も水の中に引きずりこまれるような気がしたからです。

　こうしてヤエは引き上げられて家に運ばれ、家族が声もなく回りを囲みました。

「かわいそうに、ゆるしてけれ……」「役立たずのオレさ年寄りが生ぎていて、子どものおめぇを死なせてすまい、オレ達は地獄さ行くだ」「姉ちゃん！」

　と家族が涙を流しながら詫びていると、そこへ約束の人買いの男がやって来たのです。

　事情を聞いた男はさすがに驚いたのか、「そうか、それは気の毒なことで。お線香を上げさせてけれ」と手を合わせ、「じゃ、俺はこれで」とそそくさと引き上げました。

　ところが、外に出た男はヤエが亡くなった井戸を見ると「ここに飛びこんだのか」と吸い寄せられるように近づき、井戸の縁に両手を掛けて中をのぞきこみました。すると次の瞬間、「あ、あっ～あ～！！」という叫び声を残して、男は頭から井戸の中に落ちていったのです。

　たまたま井戸の側にいた女性は、男が何か強い力で掴まれ、引きずりこまれたように見えたそうです。

　駆けつけた村人たちが命綱を投げこみましたが、人買いの男の姿は水面にはなく、深い水の中に沈んでいったようでした。

その後、引き上げられた男は引取り手がないため寺の無縁墓地に葬られました。卒塔婆《そとば》は梵字《ぼんじ》が書いてある表が井戸に向かないよう、うしろ向きに立てられたそうです。

――ヤエが、引きずりこんだんだサ。葬式やる前だがら、成仏できない怨みが残ってたんだべ、などと村人が噂しあいました。

そして、ヤエの葬式でお経を上げた僧侶が、井戸の前でも読経して彼女の霊を弔《とむら》いました。しかし、その翌日から井戸でおかしなことが起きはじめたのです。

――夜になると、井戸の中から人の泣く声が聞こえてくる……という噂が立ち、皆が怖がりました。さらには、井戸水が入った釣瓶《つるべ》を引き上げようとすると、誰かが引っぱっているようで凄く重い。引き上げていると寒気がする、などと村人が言いはじめました。

「気のせいだぁ」「そんなごとはねえ」と笑う者もいましたが、ほとんどの村人が「ヤエの怨みだぁ～」と怖がります。

そこで、わざわざ遠い羽黒山から一人の神職が呼ばれました。

忌色《いみじき》とされる鼠色の装束《しょうぞく》を身に着け、浅沓《あさぐつ》をはいたその年老いた神主は、出羽三山の山中で修行の途中に死んだ何人もの修験《しゅげん》者の御魂《みたま》を神上《かむあ》がりさせてきた、経験豊かな神職でした。

憑《つ》き物を落とし、怪異を鎮《しず》める験力《げんりき》があると言われている彼は、井戸の前に祭壇を設け、心をこめてヤエの御魂を鎮める清祓《きよはら》いの神事を執《と》り行いました。最後には井戸のまわりに塩を撒《ま》き、中にも投げ入れて、「ここに鎮まりまする、ヤエの御魂の安らかならんことを……」という鎮魂の祝詞《のりと》を上げたのです。

ほどなくして井戸の脇に小さなお地蔵さんが祀《まつ》られ、花とお線香が絶えることはなかったそうです。怪事も起こらなくなり、月日が流れました。

――その井戸はどうなったの、と中学生だった私が聞くと、

「村には簡易水道が引かれ、井戸には蓋《ふた》がされて使われなぐなっだ」

と父が言いました。

よくない死に方をした猟師の話

秋田県北部の町（旧）阿仁町《あにまち》は、山で獣を獲って暮らす人々「マタギ」の里として知られています。しかし、それ以外の場所でも猟が行われてきました。

私が暮らす秋田県南部でも、昭和三十年代ごろまでは冬の間だけ一人で山に入って、銃でウサギや鳥などを獲る人がいました。普段は農業をしていますが、雪が積もる冬は現金収入のためのアルバイト猟師になります。

彼らの本職は農民で、猟は冬だけのアルバイトで山に行き獲物を探します。時には二、三日山に籠《こ》もる人もいました。プロの猟師マタギとは違うので大型の動物などは狙わず、主な獲物はウサギや鳥。ウサギの皮は防寒用品として売れ、肉も自分の家の食材になるだけでなく、近所の人が買い求めてもくれました。

ところがなぜか、彼らにはよくない死に方をする人が多かったのです。

用水路に落ちる、車にはねられる、痛みをともなう病気で亡くなる……。変死とまではいかなくても家族に看取られず、一人寂しく亡くなる人もいました。

これについて〝神さん〟と呼ばれている女性の霊能者は、「山神さまの罰と、殺した生き物ンらの祟《たた》りだぁ」と言い、土地の年寄りも「ンだな、間違いねぇ」とうなずきます。

彼女や古老たちは非難するように、

「あん人たちゃ、山に入るとき、山神さまに〝神さまの場所に入らせていただきやす〟とご挨拶もしねえ。〝生きもんの血でお山を穢《けが》すことを、おゆるしくだせ〟とも言わね」

と語ります。そしてさらに、「あん人たちゃ、殺して命さとった生きもんにすまね、おめらの命を大切にいただかしてもらいやすので、どうか、かんべんしてけれ、という、殺した動物への鎮魂の心と、感謝の気持ちがない」とも言います。

それに比べマタギと呼ばれる人たちは、山に入ったときはまず初めに山の神さまへ入山のご挨拶をします。日本酒と神さまの好物オコゼの干物を供えて祈る儀式です。

彼らには山への畏《おそ》れと、山の豊かさ、山に棲む動物たちのお陰で暮らせることへの感謝の気持ちがあります。しかし、アルバイト猟師の中にはそのような感謝の気持ちのない人がいる。ですから、〝神さん〟が言うように、きっと山の神さまの罰が下り、命を奪った生き物たちの怨《うら》みでよくない死に方をしたのでしょう。

お山の青ししを食べた男に下った神罰

山の動物といえば、こんな話が伝わっています。

積羽八重言代主神《つみはやえことしろぬしのかみ》を主祭神としてお祀《まつ》りする伊豆山神社の本宮は、標高二〇八メートルの伊豆山の頂上に鎮座。神社は平安時代に創建され、代々私の先祖がお仕えしてきました。

伊豆山は大仙市中心部にそびえる山で、山の真下を雄物川《おものがわ》が流れています。〝なだら〟と呼ばれる絶壁の下は流れが急で、昔は荷物を運ぶ船が遭難する難所でした。秋田県で一番大きな川であり、今でも秋になると日本海から鮭が遡《さかのぼ》って来ます。

私の子ども時代、祖母が次のような話を聞かせてくれました。

＊＊＊

その怖い事件が起きたのは、明治時代の大飢饉の年でした。

その年は冷害で米が獲れず、東北では農民が草や木の根まで掘って食べた、歴史に残る大飢饉でした。誰もが栄養失調で痩せこけ、体力のない幼子から次々と亡くなる、今では想像もつかないひどい状態だったそうです。

そんな中、雄物川で魚を獲りながら鳥や獣の狩猟もしていた右兵衛《うへえ》という男が、仲間と相談して「しがたねぇから、お山の青ししさ喰おう」と、鉄砲を持ってこっそり伊豆山に登りました。そして村の人が〝青しし〟と呼ぶニホンカモシカを射殺し、解体して家に持ち帰り、家族全員で食べたのです。

「喰いもんだぁ、肉だ、肉だぁ！」

飢餓状態で死人のようにフラフラしていた家族は、夢中で肉にかぶりつきました。頭がクラクラするほどの久しぶりのご馳走です。ところがそのあと、家族に神罰が下りました。肉を食べた翌日から体の皮がボロボロとむけ落ち、四〇度の高熱に苦しみはじめたのです。肉を食べた仲間の家族も同じでした。家族は数日間苦しみつづけましたが、当時は近くに病院もなく、どうしようもありません。ただ水で額を冷やすだけでした。

やがて、神さまのお怒りが鎮《しず》まったのでしょうか、少しずつ皆の高熱が下がりましたが、仲間の家族の五歳の女の子だけは意識のないまま亡くなりました。皆の頭の毛が抜け落ちて、一年間のびてこなかったそうです。

事件は村で噂になり、近在の人は「神罰だぁ。お山の鹿を殺した罰でねが」とか、「おっかねぇ

伊豆山に生息するニホンカモシカ

な。神さまのお使いの青ししを喰った罰でねか」などと語り合いました。

その後、右兵衛の家ではお山の青ししの話が語り継がれ、神罰を恐れて昭和の中ごろまで肉食をしませんでした。家に伊豆山神社の神棚をお祀《まつ》りし、毎朝拝礼していたそうです。神社の鹿といえば奈良春日大社の神鹿《しんろく》が有名ですが、祖母によると、伊豆山神社でもカモシカは神さまのお使いとして敬《うやま》ったそうです。

猟師も「あれさ、殺したら罰が当たる」と言って鉄砲で撃ちません。しかし、いつしか絶滅しました。ところが、また十数年前から伊豆山と近辺の山々、そして薬師神社のある山にかけて目にするようになりました。

右兵衛の家族が大病になったのは、禁を破った彼を神さまがお怒りになられたのでしょう。ですから、やはり、「やってはいけない」と言われることは守った方がいいと思います。昔から人々が守ってきたことには、それなりの意味があるのですから。

花館《はなだて》には「あまさんが見ている」という言葉もあります。

お天道《てんとう》さま、つまり神さまが見ているという意味で、善いことをした人にはいいことがあり、悪いことをした人には罰が与えられる、という警句でしたが、私などは親から教えられ、幼心《おさなごころ》に「いつも神さまに見られている」と信じていました。

〝入らずの森〟に入った女性

「やってはいけない」ということで思い出しました。

これは私が四十代のころ、仲のいい神職から聞いた話です。

その事件は昭和の初めに、田沢湖から奥に入った山の中の小さな集落で起きました。

美しい湖畔の景色で知られる田沢湖。湖は、みちのくの小京都として知られる角館《かくのだて》から車で北へ三十分ほどに位置し、角館と合わせてめぐる人気の観光コースになっています。

大正十三年（一九二四年）、その田沢湖に近い生保内《おぼない》という町まで生保内軽便線として、大曲駅～生保内駅（現在の田沢湖駅）間が開業しました。

田沢湖は今でこそ名前が知られ観光客もたくさん訪れますが、昭和の初めはまだ観光が意識されるような場所ではなく、県内の人にしか知られていない山の中の湖でした。田沢湖に行くには生保内駅から歩くしかありません。

今はスキー場、湖畔にはホテルもあるリゾート地ですが、事件が起きた時代、冬場は土地の人以外人間の姿を見ない山あいの土地でした。

＊＊＊

その年の暮れ、山の営林署から一人の男性が田沢湖の奥にある集落の家へ帰って来ました。早くも林道には雪が積もっていて、雪がとける春まではもう山に入りません。

半月ぶりにもどる家では、妻と可愛い七歳の娘が待っています。

男性は声をはずませ「ただいまぁ。もどったど」と大声で言いながら、囲炉裏《いろり》のある居間をのぞきました。ですが、囲炉裏の火は消えていて誰もいません。それで奥の寝室を見たあと、何気なく神棚と仏壇がある薄暗い部屋の板戸を開けた男性は、

「わわわわわわわわわわ！　うあああ〜！！」

と絶叫しました。目が飛び出し、息が止まりました。

なんと、薄暗い部屋に祀《まつ》られた神棚にぼんやりロウソクが灯り、その前に、大きく目を見開いたままの、血だらけの娘の首が置かれていたのです。

「ぎゃぁ〜〜〜〜〜！」

男性は気を失って倒れそうになりました。

すると、そのときうしろから「あ、帰ってらったすぃか。早がったなや」という明るい妻

事件は田沢湖から奥に入った集落で起きた——

の声がしたのです。いつの間にか妻が立っていました。

そして、「あど少しで年とり（新年）だから、神さまになんかぁお供えしなきゃいけねんしょ」と言ったのです。台所に鉈《なた》で切られた、首のない娘が転がっていました。

女性は警察に連れていかれ、その五年後、精神病院で餅をのどにつまらせて死にました。死ぬまで「あの子は変わりねべか、会いたい」と言っていたそうです。

その後、家は無人になり、村人によって娘の霊を祀った小さな祠《ほこら》が建てられました。男性は娘を葬ったあと家を出、連絡がとれなくなりました。時を経《へ》るとともに集落はぽつりぽつりと人が減り、やがて原生林におおわれて消えました。今ではどこにあったかもわかりません。

事情を聞かれた男性は警察に、「妻は〝入らずの森〟に入ってがらおかしぐなったっちゃ」と言っていたそうです。

集落の外れに、いつの時代のものかわからない朽ち果てた祠があり、祠の裏は〝入らずの森〟とか〝夜啼《な》きの森〟と呼ばれる禁足地でした。

この森に入って出てこられなくなった子どもの魂が、夜になると親を恋しがって「おっがあ〜」と啼くとか、入ると祟《たた》りがあるとか、出てこられなくなると伝えられ、村の人は怖がって誰も入りません。しかし、なぜか女性はその禁足の森に入ったのです。

女性の姿が見えないので集落総出で捜したが見つからず、あきらめていると三日後に女性がひょっこり帰って来ました。

「囲炉裏で燃やす薪を森の前でひろってだら、森から『おいで〜〜』と呼ぶ声がして、知らねぇうちに森に入ってでらっけもの」

それ以来、女性は急に笑ったり、泣いたりと様子がおかしくなりました。

集落の人は、「むがしから入ってはならねぇという禁足地に入ったからだべ。禁足を破った祟りでねべが」と言っていたそうです。

＊＊＊

この「禁足地」と呼ばれる場所は昔から日本各地にあって、なぜ入っていけないのかという禁足の理由は、場所によってさまざまです。

神社の近くや境内にある場合が多く、代表的なのが千葉県市川市の「八幡《やわた》の藪知《やぶし》らず」。慣用句として広辞苑にも載るほど有名で、市川市の葛飾八幡宮の一之鳥居の近くにある、「八幡の藪知らず」と呼ばれる一角がそれです。

江戸時代から「足を踏み入れると二度と出てこられなくなる」という神隠しの伝承があり、禁足地として今でも入ってはならないとされています。

この禁足の由来には、平将門《たいらのまさかど》の墓所説、日本武尊《やまとたけるのみこと》の陣屋説、水戸光圀《みとみつくに》が迷い、やっと出てきた……などいくつかの言い伝えがありますが、真偽のほどはわかりません。

そしていつしか、「道に迷うことや、出口のわからないこと」を「八幡の藪《やぶ》知らず」「やわたしらず」と呼ぶようになったそうです。現在もお化け屋敷や迷路のことを「藪」と言うのは、この「八幡の藪知らず」の伝説からきていると聞きました。

なお、この「八幡の藪知らず」付近ではいくつも不思議なことが起きています。

たとえばある日、一之鳥居の前を母親と一緒に通りかかった小学生が、鳥居の上にザンバラ髪の男の首が乗っているのを見ました。しかし、母親には何も見えなかったそうです。たぶん穢《けが》れていない子どもの前に、大昔、このあたりで亡くなって神上《かむあ》がれずにさ迷う地縛霊《じばくれい》が姿を現したのでしょう。

また、鳥居前はいつもきれいに掃除がされていますが、不思議なことに、付近の人は一度も掃除をしている人の姿を見かけたことがないそうです。

です。

＊＊＊

大仙市の隣の横手地区には、かつて〝黄昏時《たそがれどき》に近寄ってはならない〟と言われた禁足地がありました。今では埋め立てられて消えていますが、昔、友達から聞いたところによると、そこは寂しい沼地で、なぜか「日が沈む時間にはけっして行くな……」と言われていたそうです。

暗くなる夕暮れ時は、間違って沼に落ちるからでしょうか。昔は沼にはまって亡くなった人がいたので、死者の霊を恐れてそう言いはじめたのかもしれません。

寂しい沼地は陰気で、よくない気が溜まっているものです。動物のような鋭い生存本能が残っていた昔の人は、そういうことを五感で感じて禁足地にしたのでしょう。

横手の沼の言い伝えのように、昔から日本では「逢魔時《おうまがどき》」（黄昏時）は魔物と出遭ったり、災いをこうむる時間とされてきました。横手の言い伝えはそれを思い出させます。

「逢魔時」といえば、夢枕獏の小説『陰陽師』には平安の昔、京の都大路で、貴人が逢魔時に魔物と出遭う話が描かれています。

黄昏の語源が「誰そ彼」（ダレソカレ）にあるように、魔物におびえていた平安時代、ぼんやりとしてハッキリと人の顔が見えなくなった夕方、向こうから来るのは魔物ではないか……とおびえたのでしょう。

五感が鋭く、神や仏や、怨霊《おんりょう》・鬼・魔物を身近に感じて生きた昔の人は、黄昏時のぼんやりとしたものの向こうにただならぬ気配を感じ、見たのかもしれません。

「黄昏時」といえば、映画『君の名は。』の冒頭、高校の授業のシーンで、万葉集の「誰そ彼と　われをな問ひそ　九月《ながつき》の　露に濡れつつ　君待つわれそ」（万葉集一〇巻二二四〇番）という句を黒板に書き、黄昏の語源について教えている場面がありました。

彼は誰だ？↓「君の名は？」と変換でき、作品を象徴する出だしになっています。

ネズミを呑みこむ、伊豆山神社の大蛇

大正時代、伊豆山の頂上に鎮座する伊豆山神社本宮に大きな蛇が棲んでいたそうです。祖父や氏子の皆さんがたびたび目撃していました。

そのころは神社参拝の際はお賽銭《さいせん》よりも、自分の家で作ったお米をお初穂《はつほ》としてお供えするのが習《なら》わしでした。花館《はなだて》は秋田県の中でも一番広い平野、横手盆地の一角で、稲作が盛んな土地。

それで秋一番に収穫したお米は感謝の気持ちをこめて、まず神社に初穂として「神さま、今年も無事に収穫できました。ありがとうございます」とお供えしました。

ところがその時期になると、どこからともなく野ネズミが現れてお供えの米を食べてしまいます。するとネズミを待っていたかのように、神社の天井から大きな蛇が音もなくスルスルと下りてきて、ネズミを捕まえて食べたのです。

一度、たまたまその場に出くわした氏子さんは、「いやぁ、ふてえ蛇でびっくりしたけなぁ、

ネズミはまるで金縛りに遭《あ》ったように動けねえんだ。蛇はかんたんにネズミを呑みこんでしまったぁ」と言っていたそうです。

神さまへのお供えは秋の初穂だけでなく、正月や二月の小正月、七五三、夏の例祭のときなども行われます。氏子さんが野菜や川魚などをお供えしていくことも多く、野ネズミにとっては天国でした。ネズミはお供えを食べ、蛇はネズミを食べて生きていました。

父が祖父から聞いた話では、蛇は三メートルはある大蛇で、頭は大人の握りこぶし、胴の太さは大人の腕ほどもあり、まったく人間を恐れません。

一メートルぐらい鎌首を持ち上げ、ガラス玉のような冷たい目でじっと氏子さんを見ながら、ゆうゆうと神社の柱を伝わって天井の隙間に入っていったそうです。

宮司であった祖父も氏子さんも、「ありゃ、神さまのお使いだぁ」「殺したら祟《たた》りがある」と言って、そっとしておきました。

かつて大蛇が棲みついていた伊豆山神社本宮

吹雪の峠で聞こえてきた、三味線の音《ね》

曽祖父《そうそふ》が旅の薬売りから聞いた話です。

大正時代の初めごろの冬でした。「お祓《はら》いをしてくれ」と、伊豆山神社に旅の薬売りが訪ねてきました。咳止《せきどめ》めの薬を背負って東北を売り歩く男性でした。

曽祖父が、「お祓いだすぃか、どうしたんだすぃべ」と聞くと、男性は「怖いめにあったんだ。お祓いしねえとまずいさ」と言います。それで曽祖父は事情を聞いてから、薬売りと一緒に伊豆山の本宮に登り、ご神前で祓詞《はらいことば》を朗々と唱えて男性を祓い清めました。

＊＊＊

薬売りの彼は前の日、秋田県の日本海側由利地域から峠を越えて花館《はなだて》に向かっていました。何回も通いよく知った道。日が暮れるまでには急いで峠を越えるつもりでいました。

ところが、峠で急に激しい吹雪になったのです。

峠の下でパラパラ降りはじめたので「吹雪かなきゃいいけど」と心配しましたが、運悪く

予想は当たり、峠にさしかかると一メートル先も見えない猛吹雪。

風と雪で目を開けていられません。前が見えず崖から落ちることを心配した男性は、峠に建っていた小さな観音堂に駆けこみました。

お堂は江戸時代中ごろのある年の冬、猛吹雪でこの峠で遭難した村人の供養のために建てられました。観音さまが祀《まつ》ってあり、嵐や吹雪のときの避難所の役目もあったのです。

男性はお堂に入り、扉を閉めてほっと息をつきました。寒いけれど雪は入ってきません。観音さまに手を合わせ、早く吹雪がやむよう祈りました。夢中で歩いたので、今が何時ごろなのかもわかりません。

寒さに震えながらも疲れからウトウトと少し眠り、寒くて目が覚めると、外はまだ激しい吹雪。黒一色の闇で何も見えず、お堂の中も真っ暗でした。それでまたウトウトしたとき、遠くから三味線の音が聞こえてきたのです。

ゴウゴウと吹き荒れる吹雪の中、三味線の音は高くなったり、低くなったりしながらだんだんお堂に近づいてきます。初め男性は風の音かな、と思いました。しかし、すぐ三味線の音だと悟りガタガタと震えました。それは恐ろしいことを知っていたからでした。

二年前の冬、三味線を抱いて浪曲を唄いながら東北を流れ歩く旅芸人の親子がこの峠で遭難したことを……。父親が浪曲を唄い、目の見えない母親が三味線を弾き、娘が母親の手を引く役目でした。

三人は一寸先も見えない吹雪のため、息も絶え絶えとなり観音堂までたどりつけず、雪に埋もれて凍死していました。薬売りの男性はそのことを知っていて、怖いので日が暮れるまでに峠を越えたかったのです。

男性はガクガクと震え、じっと息を殺しました。

吹雪の中、三味線の音はどんどん近づいて来て、とうとうお堂の前で鳴っています。男性は暗闇で恐ろしさに震えながら、必死に『般若心経《はんにゃしんぎょう》』を唱えました。

しばらくの間、三味線は中をうかがうように「ビョンビョン」と高く低く鳴っていましたが、やがてあきらめたように音は少しずつお堂から離れ、吹雪の中をゆっくりと遠ざかっていきました。それでも男性は夢中でお経を唱えつづけ、そのあとウトウトすることもできず、恐怖と寒さに震えていました。

明け方、吹雪がやむと男性はお堂を飛び出し、うしろも見ずに峠を下って伊豆山神社の曽祖父のところに駆けこんだのです。

自分で立ち上がった出羽三山《でわさんざん》の石碑

花館《はなだて》で、出羽三山に関係する不思議なことが起きました。昭和二十五年（一九五〇年）のことです。

次男なので生家から独立し、少しばかりの田畑を耕しながら、牛や鶏を飼いはじめた川上吉春さんの奥さんの体調が思わしくありません。医者の診立てでは特別に悪いところはないのですが、何か気分がスッキリとしないのです。

そうこうしているうち、奥さんが朝の目ざめの間際に不思議な夢を見ました。

――自分の家の前に大きな石碑が倒れていて、その石碑が「おめえさんと同じ村の生まれだども、どうか私を立ててけねべか」と言っているように聞こえ、まっすぐに立ててあげたところ、石碑は飛び跳ねて喜んだ――。

あまりにも不思議な夢だったので、夫婦は「これは、倒れている石碑が起こしてくれとたのんでいるのではないか」と思いました。

そこで念のため家のまわりを調べてみると、ちょっとした石が土からのぞいていると思っていたのが、少し掘ったら、夢のとおり土の中から大きな石が顔を出したのです。すると古老の草薙さんが、「それは出羽三山の石碑だべ」と教えてくれました。

草薙さんによると、川上さんの家が建っている場所は明治時代の終わりまで榊神社《さかきじんじゃ》というお宮があり、その前を福島から秋田を通って青森を結ぶ羽州《うしゅう》街道が通っていました。

しかし明治時代の後半になると、政府の方針で〝神社合祀《ごうし》〟という神社の合併が進められ、榊神社は伊豆山神社に合祀されました。

そのおり、榊神社の社殿が解体されることとなり、拝殿横に建っていた高さ三・三メートル、幅一・五メートルもある巨大な石碑に何か障《さわ》りがあるといけないということで、あらかじめ横に倒したそうです。

川上さんの家の脇で土から顔を出していた石は、その石碑の一部でした。

そこで、草薙さんも交え相談した結果、「こりゃ、石碑を立てねばねべ」ということになり、作業に取り掛かりました。

建築業者が五、六人で石碑を掘り出し、ジャッキで水平にしました。翌日は石碑にワイヤーを巻いて引き起こしましたが、とても重く、夕方になっても六〇度ぐらいまでしか起き上がりません。無理すると金属製のワイヤーが切れそうです。それに、石碑の下の部分のホゾ（石

自分で立ち上がった出羽三山の石碑

碑の下についた突起）がつかえて動きません。

ところがこのあと、不思議なことが起きたのです。

「もう暗くなるから、あとは明日にするべ」と話していたところ、突然「ガーン！」という大きな音がして、自然にホゾが台石の穴に入り、むっくりと、石碑がひとりでまっすぐ立ったのです。川上さんをはじめ皆、腰を抜かしました。

皆、驚きながらも喜び、石碑を水できれいに洗い清めたところ、石碑には出羽三山の湯殿山・月山・羽黒山のご神号が三つ並んで彫られていたのです。

そのため「たまげだぁ、やっぱり出羽三山さまの石碑だぁ」と驚いて、石碑の周囲を掃き清めたあと、ちょうどこの日は秋の宵節句《よいぜっく》の日だったので、草薙さんのお家から宵節句のお餅を分けていただき、お神酒《みき》と一緒にお供えし、一同手を合わせ拝みお祝いしました。

榊神社の跡地にはその後、馬頭観音を祀《まつ》る御堂が建てられ、夏の馬頭観音のお祭りと合わせて、石碑に祀られている三山の神さまのお祭りが行われています。

出羽《でわ》三山《さんざん》の地縛霊《じばくれい》

修験道《しゅげん》を中心とした山岳信仰の場である山形県の出羽三山。湯殿山・月山・羽黒山の三山は、昔から多くの信仰を集めてきました。

なかでも伊氏波神《いではのかみ》、倉稲魂命《うかのみたまのみこと》、聖観世音菩薩《しょうかんぜおんぼさつ》を祀《まつ》る羽黒山は、奈良吉野の大峰山《おおみねさん》と並んで古くから修験道の聖地でした。東北一の修験の山として昔はたくさんのお堂が並び、朝夕、山伏《やまぶし》が吹き鳴らす法螺貝《ほらがい》の音が山に響いたそうです。

修験者は出羽三山の山中深く駆けめぐりました。木の実を食べ、沢の水を飲み、山で寝て、神のような霊力を得るため山に籠《こ》もって過酷な修行をつづけました。

そんな出羽三山を明治時代に曽祖父が参拝したころ、出羽三山の修験道は明治政府の修験禁止令によって廃止され、お堂も壊されてさびれつつありました。多くの山伏は暮らす場所を失い、普通の生活にもどるか、あるいは、そのまま東北を流れ歩きました。

〝狐つき〟から狐を追い払ったり、安産祈願・病気平癒・火除《よ》けの加持祈祷《かじきとう》をしたり。中には気合術を見せて暮らす修験者もいました。

ちなみに、江戸時代には日本全国で修験者が一七万人もいたそうで、その数に驚きます。そのような時代、曽祖父は羽黒山で一人の年老いた修験者と知り合いました。

彼は長く羽黒山の修験道場で暮らし、山伏として生を全うするつもりだったそうです。若いころ山伏に憧れて修験の道に入り、長年、出羽三山を歩き回って修行を積みました。驚くほど山のことをよく知っていて、修験道の指導者である先達《せんだつ》でした。

その修験者が語るには――。

「お山に籠《こ》もって修行するときは、三日も四日も山で寝て、ひとりで山ん中を歩くんだ。険しい山道もあるし、獣しか通らねぇ藪道もある。滝に打たれ、夜は真っ暗で、そりゃ怖えもんだ」

そして次に、恐ろしいことを言いました。

「真言さ唱えながら山道歩いてると、たまに衣の袖が引っぱられるんだぁ。うン、木の枝さ引っ掛かったかと見ても、枝はねえ。気のせいかぁ〜、と思って歩き出すとまた引っぱられる。だらしねけど、怖くなって逃げたぁ。あとで先輩に聞いたら、修行の途中で崖から落ちて死んだり、具合が悪くなり、歩けなくなって死んだ山伏が呼ぶんだと」

道や土地にはその場所の産土神《うぶすながみ》さまや地霊が鎮《しず》まっておられますが、時にはそこで死んだ死者の霊がいることがあります。人知れず亡くなり、無念の思いが残っていて、地縛霊や浮遊霊になっているもの。修験者は初めから行き倒れて死ぬことを覚悟のうえですが、中には迷う魂がいるのかもしれません。

そして修験者が語るには、「衣を引っぱるだけじゃねど。急に足が重たくなってノロノロとしか歩けなくなったり、平らな道で転んだりする。そんなときは誰かが背中を押すんだ。そして、なんだか気持ちが悪くなったり、吐き気がするんだぁ」

そのような変事が起きたとき、修行を積んで験力《げんりき》のある山伏はあわてず真言を唱え、邪気を祓《はら》う九字の印「九字護身法《くじごしんほう》」を切り、霊を鎮めます。

しかし、力の足りない山伏は持っている水を撒《ま》き、食べ物を少しその場に置くそうです。気力をつけるためのお神酒《みき》があれば、それを少し撒きます。食べ物をその場に置くという習慣は、昔から行われてきた邪気を鎮める慰霊法で、秋田でも行われてきました。それは何よりも昔は食べ物が貴重で、餓死した人が多かったからでした。

いずれにしろ、人が亡くなった道や場所には霊魂がとどまっているもので、何かを感じて気分や体調が悪くなる人と、まったく感じない人がいるようです。感じるのは男性よりも女性の方が多いようで、命を産む――という女性の生理に関係があるのかもしれません。

修験道の聖地、出羽三山・湯殿山入り口

日暮れ時、あとをついて来る小さな女の子

今でも行われている七五三のお参りは、子どもを持つ親にとってうれしい行事です。三歳、五歳、七歳まで無事に育ったお祝いで、子どもを見守っていただいた神さまにお礼を申し上げる神事。

昔から日本では、「七歳までの子どもは神の内《うち》」「七歳までの子どもは神さまからのお預かりもの」と考えられ、七五三のお参りは神さまへのご報告と、お礼の意味がありました。

医学が未発達で栄養状態が悪かった昔、人の寿命は短く、奈良・平安時代は三十歳が平均寿命でした。織田信長の時代でも「人間五十年」。まして、体力が弱い子どもたちは軽い風邪でもあっけなく死に、七歳まで育つのは難しかったのです。

江戸時代に入ってもそれは同じで、日本で一番大切にされた徳川将軍の子でさえ、多くが幼いうちに病気で亡くなりました。そんなところから、「七歳までの子どもは、いつまた神さまの元へもどるかもしれない」という考えが生まれたのです。

しかし、親にとって子どもは可愛く、貧しい家庭でも七五三のときは白いご飯を炊いて祝

い、子どもの手を引いて神社へお礼に行きました。裕福な家ならきれいな晴れ着を買って着せ、神前でさらなる子どもの成長を祈願したものでした。

伊豆山神社でも七五三のお祝い事は大事な神事。私もお祓《はら》いをさせていただきますが、子どもが多かった時代は、神社は多くの家族連れでにぎわったものでした。しかし少子化の今、子どもが減ってしまい、神社にとっては寂しいことです。

それはさておき、当神社には小さな女の子をめぐるある話が伝わっています。祖父が子ども時代、七十八歳で鬼籍に入った高祖父《こうそふ》から聞いたことです。

＊＊＊

高祖父が生きた江戸時代の末、花館《はなだて》の村の子どもが神隠しに遭《あ》いました。

七五三のお参りでお母さんが三歳の娘を背負い、渡し舟で雄物川《おものがわ》の対岸の山の中に鎮座するあるお宮に登ったあと、娘の姿が見えなくなったのです。

お母さんは、「家が見える村の入り口で別れた。わたしゃ旦那の手伝いすンで、家で着替えてから畑へ行ったぁ」と言いました。

女の子は貧しい農民の娘で、四人兄弟の末でした。村人総出で捜してもどうしても見つからず、「神隠しに遭ったんだぁ」「天狗にさらわれた」ということになりました。

昔から村の子どもの「神隠し」はよくあることで、見つからなければ最後はそういうことに落ち着き、親もあきらめました。

ところがしばらくして、「山に草刈りに行った帰りの山道で、夕方、小さなわらし（子ども）がうしろをついて来た」「わらしがついてくる気配がするんだぁ。でも、ふり向くとスーッと消える」という噂が広がったのです。

いずれも、花館の人家が立ち並ぶところから西方の雄物川を渡った〝西山〟と呼ばれる丘陵地帯の一角に鎮《しず》まるお宮へお参りしたあとの、下りの山道で起きたことでした。

最初は噂だけでしたが、「自分も同じ目に遭った」という村人が出はじめたので、放っておけなくなり、神主の高祖父が起伏のある西山の山道を歩き、祓詞《はらいことば》を唱えながら塩を撒《ま》いて祓いました。すると女の子は現れなくなり、噂もやんだのです。

しかしそのあと、とても怖いことがわかりました。

西山の山道からだいぶ離れた林の草むらで、神隠しに遭った女の子が死んでいたのです。首を絞められていました。体には木の葉や草がかけられていたそうです。

七五三のお祝いの帰りに姿を消した女の子――。

まるでそれは、江戸時代にできたわらべうたと同じでした。

通りゃんせ　通りゃんせ
ここはどこの細道じゃ　天神様の細道じゃ
ちっと通して　くだしゃんせ
御用のないもの　通しゃせぬ
この子の七つのお祝いに
お札を納めに参ります
行きはよいよい　帰りはこわい
こわいながらも
通りゃんせ　通りゃんせ。

（通りゃんせ）

おめでたい子どものお祝いで神社へ行くのに、なぜ「帰りはこわい」のでしょうか。
実はこの言葉が、「神隠し」のほんとうの意味を教えています。

昔の日本は貧しく、やっと生きている人々は、生んだ子どもを皆育てられなかったのです。家族が増えればわずかな食べ物がなくなりました。そこで育てられない親は、七五三のお参りでお宮に子どもを連れてきて、

「神さま、申しわけありません。私たちは貧しくて、もうこの子を育てられません。神さまにお返しします。どうかおゆるしください」

と謝り、神さまに手を合わせました。

そして、ゆっくりと手がのびて……。

お預かりした子どもを神さまにお見せしてから、せめてお菓子を与え、帰り道の誰もいないところでひっそりと神さまにお返ししたのです。

こうして、また村で子どもがひとり「神隠し」に遭いました。

昔、子どもの神隠しのほとんどは、「神さまにお返ししたか、人さらいにさらわれたか、人買いに売られたか、森で迷ったり、川や池に落ちて人知れず死んだか」でした。

その村には、怖い習わしが……

秋田の山奥で、神職が見てしまった村の習《なら》わし

東北にはかつて、昔ながらの不思議な習わしが多く残っていました。中には、村人以外に知られてはならないことも行われていて、村人は今でもけっしてそれを外に洩らしません。

＊＊＊

一人の神職がある山村の知人を訪ねました。まだ敗戦の混乱がつづいていた、昭和二十一年（一九四六年）のことです。

その村は奥羽本線の小さな駅から歩いて三時間も入った、山形に近いどんづまりの山奥。二〇人ほどが暮らす小さな村で、神職は夏休みを利用して秋田市から軍隊で一緒だった戦友に会いに来ました。夏の早朝家を出て、村に着いたのは夕方でした。

村人は田畑が少ないため主に林業で暮らし、奥深い山あいの地に家が点々とあります。人気がない道を歩いて神職がやっと友達の家を見つけると、そのころ秋田でも見かけないよう

な古い農家で、周囲は崩れかけた土塀に囲まれています。

玄関で「こんにちは」と呼んでも誰も出てきません。シーンとして人の気配がないのです。

そこで神職は失礼を詫びながら家の裏に回りました。すると、障子が開いた座敷の奥に小ぶりの屏風《びょうぶ》が置かれ、その向こうに女性のうしろ姿が見えました。

「こんにちは」と神職が声をかけると、八十歳ぐらいのお婆さんが、ハッと屏風の陰から顔を上げました。

よく見ると、屏風が逆《さか》さまに置かれています。逆さ屏風は死者の枕元に置くものなので、神職は誰かが死んだのか、と思ったそうです。

神職が「K君はいませんか。秋田から来たんですが」と聞くと、お婆さんは「主人は留守だぁ。人が来るって、町に酒を買いに行ったぁ」と言いました。

しかし、そう言うお婆さんの様子が普通ではないのです。

おどおどと慌《あわ》てたような感じで、何か落ち着きがありません。変だな……と感じた神職は座敷に上がり、思い切って逆さ屏風の裏をのぞきました。

「……………」

すると、そこには大きな木の盥《たらい》が置かれ、中には産まれたばかりの、ヘソの尾がついた裸の赤子が入っていたのです。赤子の顔には濡れた白い紙が載っていました。産んだ女性は別の部屋に寝ているのでしょうか、姿がありません。

ギョッとしながらも神職は、瞬時にすべての意味を悟りました。

軍隊で友達が語った、「俺の村はまだ産婆《さんば》なんだぁ」という言葉はほんとうだったのです。

町での出産は病院へ行く時代に、その村はまだ産婆が赤ん坊をとり上げていました。

そして村人は、赤ん坊を育てるときは屏風を普通に置き、神さまにお返しするときは「逆さ屏風」で産婆に知らせるのでした。もし、逆さ屏風なら産婆は何も聞かずに、赤子の鼻と口に水で濡らした和紙を置くのです。

神職の訪ねた日に奥さんの出産が早まって、彼は見てはならないものを見てしまったのでした。すると、産婆のお婆さんがすがるように、

「禰宜《ねぎ》さんにこんなとご見られてスまい、オラ、死にてぇ。神さんの罰が怖ぇ。すがたねンだぁ、村の長い習慣だがらさ、断れねんだ。でも、もうオラで終わりだ」

と必死に説明するのです。

秋田の山深い村でつづいていた、見てはならないおぞましい因習――。

神職は訪ねた村で、偶然それにぶつかったのです。彼はこの体験を神職仲間に話し、それがめぐって私の父の耳にも届きました。

家に帰った神職は斎戒沐浴《さいかいもくよく》して神前にぬかずき、赤子が怨みを残さず神のもとへもどれますよう、気持ちをこめて祈りを捧げたそうです。

この村でもひそかにつづいていた〝逆さ屏風〟の習わしは、その後、深沢七郎という作家によって小説に描かれ有名になりました。

小説には村の場所は書かれておらず、ただ、「もじずりの花が咲く東北の山奥」とだけなっています。

五章

神御座《おわ》します山々の怪《あや》し

売り物にされた道祖神の祟《たた》り

この話はカメラマン・永山太さん（五十二歳）のお祖母《ばあ》さんが、三十年前にかかわった不思議な出来事です。

祖母のトメさんは霊媒師で、八十四歳で亡くなるまで近所の人にたのまれると、死者が彼女の体に降りてくる口寄せを行っていたそうです。

日本には霊山と呼ばれる山が各地にあり、古代から人々に敬《うやま》われてきました。山は神そのものとして信仰されましたが、中でも昔から、北陸や信州の人々の篤《あつ》い信仰を集めてきたのが、福井・石川・岐阜の三県にまたがってそびえる白山《はくさん》でした。

白山は古くから「白き神々の座」と呼ばれ、遅くまで残る雪が、麓《ふもと》の人々の生活をうるおす水を与えてくれました。そのため聖なる山として、霊峰白山をご神体とする白山比咩《しらやまひめ》神社が創建されたのです。

北陸福井市出身の永山さんは、その白山に小学生のころからトメさんのあとについて登ったそうです。福井でも白山信仰は盛んで、トメさんは熱心な信者でした。

夏に行われるお山参りのときは、彼女は白装束《しろしょうぞく》姿で白山講の先頭に立ち、「さんげさんげ、ろっこんしょうじょう……」と唱えながら、女性とは思えない早足で皆を引っぱったそうです。

当時、中学二年生だった永山さんがやっとついていけるほどの速さでした。きっと信仰の力でしょう。福井市の麓から五時間もかけて、二七〇二メートルの頂上に鎮《しず》まる、白山比咩神社奥宮に詣でたのです。

ある日、そのトメさんを地元の骨董商の奥さんが訪ねて来て相談しました。

「夫が古い道祖神を買ってから、急に体の具合が悪くなったンで、もしかしたら、よくないことが起きるのではないですか？」

奥さんの話では骨董商の夫が、商売仲間が持ちこんできた古びた小さな石の道祖神を気に入って買ったそうです。夫はかなり昔に造られたものだと喜んでいます。

しかし奥さんが心配したのは、その道祖神が白山の山の中に祀《まつ》られていたものだったからでした。商売仲間が山菜採りで登った白山の林道の脇で見つけ、これ幸いと持ち帰ったのです。着ていたシャツにくるんで担《かつ》いできたそうです。

道祖神はもう崩れかけていましたが、夫はそこがいいと言います。

奥さんは「白山さまの罰が当たるんとちゃうか」と反対しましたが、あまり宗教心のなかった夫は、「これは売れそうだぁ」と喜んで、奥さんの言うことを聞かず買ってしまったのです。

すると、しばらくしてから夫の体に異変が起きました。

六十二歳の夫は若いころから血圧が高く、血圧降下剤を飲んでいましたが、急に体がフラフラしはじめ、「めまいがする」と言って店で横になっています。

そこで医者に薬を変えてもらうと少し血圧が下がりました。夫は高血圧の家系で、祖父は脳梗塞で亡くなっています。

それで、心配した奥さんが相談に見えたのでした。

黙って話を聞いていたトメさんは、奥さんが持ってきた道祖神にお水を上げ、手を合わせました。そして、じっと目をつぶっていましたが、突然ブルブルと震え、体を激しく前後によじり、「うううううう……」と苦しそうに身悶《みもだ》えをつづけました。

やがて、しばらくしてから正気にもどったトメさんは、「白山さまが怒ってなさる。道祖神さまも自分を山にもどせ、と言われてなさる。もどさんと神罰が下る」と、ぐったりしながら告げたのです。

心配した奥さんが「そやから言うたやろ、はよ、白山さまにお返しせなあかん」と夫を説得しましたが、商売熱心で金儲けが好きだった夫は、「今どき、そんことは迷信やさ」と言って聞きません。「めまいがするのは血圧が上がっているからさ。新しい薬を飲みつづければ治る」と言い張り、平気でそのまま道祖神を店に飾っておきました。

ところが、しばらくしたある朝、起きてこない夫を奥さんが二階へ見にいくと、夫は布団の中で冷たくなっていました。

新しい薬に変えてからはめまいも消え、少しずつ血圧も下がりはじめたので、夫も喜んでいた矢先でした。

＊＊＊

もうひとつ、トメさんの話を聞きました。

トメさんが六十五歳の正月のことです。

近所に、その年四十二歳の厄年になった農家の男性がいました。一年何事もなければいいが、と心配した妻が夫と一緒にトメさんを訪れて、「だいじょうぶやろうか」と助言をたのんだようです。

トメさんは男性に生年月日を聞き、彼の手を握ってしばらくじっと目をつぶり、体をゆっくりゆすっていましたが、やがて目を開くと、「今年はお山に入ると引っぱられるから、入ってはあかん」と言いました。

ところが春になると、毎年白山に入ってタラノメやゼンマイなどの山菜を採っていた男性はがまんができず、「半日ぐらいならいいだろ」と、朝早く山に出かけたのです。翌日、しかし昼にはもどるはずが、夜になっても帰りません。翌日、村の駐在さんや消防団の人村の駐在さんや消防団の人たちが早朝から夕方まで捜索しましたが、見つかりません。

そこで夜、男性の妻が必死でトメさんに、「ダンナはどこにいるんやろ、生きてるんか、わからんか?」とすがりました。

トメさんは白山比咩大神《しらやまひめのおおかみ》を祀った神棚の前に座り、目をつぶって小さな体を激しくよじり、「ううううう……」と念じていましたが、やがてカッと目を開けると、「水だ、水だ、白山さまがいらっしゃる」と告げました。

妻が「水やってか、沢か谷に落ちたんやろか」と聞いてもトメさんは「水だ」としか答えません。そこで翌日早朝から、もう一度捜索隊が手分けして村に近い沢筋を捜したところ、白山の低い尾根の間にある沢で男性が見つかりました。

古代から人々に崇められてきた霊峰白山

彼は大きな岩陰で横になって捜索隊を待っていて、次のように言ったそうです。

――ゼンマイを採るのに夢中になり、急な斜面から沢に転落した。転がり落ちる途中で右足をくじいてしまい、歩けなくなり岩陰で救助を待っていた。採った山菜を食べて、沢の水を飲んでいたが、必ず見つけてもらえると信じて自分を励ましていた――。

幸いゴム引きの山用のカッパを着て、厚着をしていたお陰で夜を越せたようです。そして、トメさんが告げたように、白山比咩神社でいただいたお守りを身につけていました。

夫と妻は家の神棚に採ってきたゼンマイを供え、山に入って助かったことを白山比咩大神に感謝申し上げたそうです。

「山の神の日」に山に入った男

昭和二十年代後半、日本にはまだ戦争の記憶が残っている時代でした。

ある年の十月、新潟県の魚沼地方にそびえる八海山の麓《ふもと》の村で、十二日の山の神の日なのに、農家の息子がキノコを採りに山に入ろうとしました。

しかし家族は驚いて、「山神さまの罰が当たる」と強く止めました。

「山の神さまがお怒りになる、いかん、入っちゃなんね」

と家族全員で必死に説得しましたが、息子はそれをふり切って山へ入ったのです。

彼が山に入ったのは幻のキノコと言われて、非常に貴重だったヤマブシダケ（山伏茸）を採るためでした。町へ持っていけば料理屋が高く買ってくれます。

ヤマブシダケと呼ばれるのは、山伏の装束《しょうぞく》の胸の部分についている梵天《ぼんてん》（丸い飾り）に似ていることからついた名称で、味がよく食用や薬用にもなりました。

このキノコは夏の終わりから秋にかけて、クヌギなどの広葉樹の倒木や立ち枯れの木に生える、滅多《めった》に見つからない貴重なキノコでした。

息子は人より少しでも先に採り、高く売って現金収入を得たかったのです。彼は、「だいじょうぶ、心配すンなさ。たくさん喰わしてやるからよ」と言い残して、大きな背籠を背負って山に入っていきました。そして、それっきりもどってこなかったのです。

夜になってももどってこない息子を捜しに、翌日の朝から村人が山に入りました。しかし、とうとう見つかりません。

息子の父は「だから、言ったべ。もうだめかもすンね」と嘆きました。

そして、冬を越して雪がとけた翌年の春、山菜採りの人が偶然遺体を見つけました。山を三つも越えた奥深い山中の、太い立ち枯れの木の根元で倒れていたそうです。籠にはかなりのヤマブシダケが入っていました。

＊＊＊

日本人は古代から山を神として祀《まつ》る信仰がありました。代表的なのが富士山ですが、日本のどこのお山にも「山の神さま」がいました。

古事記には「山の神がイノシシとなって現れた」とあり、民間信仰ではオオカミ、またはカラスを神の使者としています。そして場所によっては山の神が男性だったり、女性だったりします。男性の場合は大山祇命《おおやまづみのみこと》、女性だと木花咲耶姫《このはなさくやひめ》が多く、ほとんどの土地で山の神は女神とされてきました。

そのため、人々は山の神の祭りに女性が参加することを嫌いました。それは山の神は醜女《しこめ》という伝承があり、自分より美しい女性が来ると嫉妬し、醜いものがあれば喜ぶと信じられていたからです。そこで、秋田県の狩猟民マタギは醜い魚・オコゼを腰にぶら下げて山に入り、お神酒《みき》と一緒に女神にお供えしました。

さらに、山の神の祭りは月の十二日とされる土地が多く、この日に山に入ることを禁じていました。たとえば、この日は山の神が木を数えるので、この日に山に入ると木と一緒に数えられてしまい、山から出てこられなくなる。また、この日に木を伐《き》ると、倒れてきた木の下敷きになって命を落とす。山菜やキノコ採りもいけないと戒めてきました。

岩手県九戸郡山形村には「山の神は女性で、一年に十二の子を産む」という言い伝えがあり、この出産の日が毎月十二日とされました。そのため、狩猟を行うマタギの人たちは十二日を山の神の日として、入山を禁止しています。

また山小屋などでは十二人で座るのはよくないとされ、木の人形を山中の祠《ほこら》に置いておくという風習もありました。一年は十二ヶ月、十二支、十二神将などとの関係が考えられますが、修験道《しゅげん》の影響という説もあります。

このように、神を祀った山には守らなければならない多くの禁忌《きんき》があり、人々は神の怒りを恐れてタブーを守り、伝えてきました。

八海山の麓の村で「山の神の日」に起きた出来事は、大学の文学部教授で民俗学者の松山卓さん（六十二歳・本人の希望で仮名にしてあります）が、今から五年前、現地の取材で耳にしたものです。松山さんはフィールドワークで全国を歩き、言い伝えや不思議な話、事件を集めて研究しています。

＊＊＊

これは松山さんが魚沼郡の隣・湯沢で、古老・田中彦左衛門さん（八十六歳）から聞いた話。

川端康成の小説『雪国』で知られる新潟県の上越湯沢は、魚沼と同じように雪の深いところで、湯沢の村も毎月十二日は山に入るのを禁じていました。

ところが二十年前の春、四月十一日に一人の男が山に出かけました。目的は芽を出しはじめたタラの芽摘み。春の山菜タラの芽は、テンプラにして食べると美味です。

男は翌日が「山の神の日」なので、その日のうちに山から帰ってくるつもりでいました。

地下足袋姿で山菜を入れる袋を肩に掛け、「夕方には帰るよ」と勝手知った山の道を登っていきました。ところがその日、男は山からもどってこなかったのです。

翌日家族が「今日は神さまの日だぞ。何にもなきゃいいけど。今日帰ってこねば、捜しにいかねばな」と心配していると、昼過ぎに、男が木の枝を突いて足を引きずりながらもどってきたのです。彼が言うには、

――タラの芽を探しているうちに、どんどん山の中に入ってしまい、居場所がわからなくなった。夜になったのであぶないと思い、そこで寝た。翌日は「山の神の日」なので早く山から出なければと、明るくなるとすぐ歩きはじめた。

すると、急な斜面を下りているときだった。林の中を白い着物姿の女性がスッと横切って林に消えた。一瞬のことで、「アッ！」と思った瞬間、斜面で足を滑らして下まで落ち、腰を強く打った。それでも早く山を下りねばと、木の枝を杖にして急いで下ってきたんだ――。

と説明したそうです。

家族は神棚にお神酒とタラの芽をお供えして、山の女神にお詫びしました。

深夜、テントのまわりを歩くもの

神奈川県の三浦半島に、標高一三九メートルの鷹取山があります。いくつもある峰からは、貨物船が行きかう東京湾や房総半島が望め、晴れた日には富士山も見えました。そんな鷹取山は、低いながらもロッククライミング（岩登り）の練習場としても知られ、命知らずの山男たちが岩壁に挑戦していました。また絶壁がそそり立つ景色が人気を呼び、手ごろなハイキング・コースにもなっていたのです。

山は昭和の初めまで採石場として開発され、何ヶ所もの山肌が削られました。しかし、その後採石は中止になり、露出した荒々しい岩肌が絶好の岩登りの練習場になったのです。週末になると多くの会社や学校、街の山岳会のメンバーが、スパッと鉈《なた》で切り落としたような三〇メートルもの垂直の岩壁で、岩登りのトレーニングに励む姿が見られました。

そんな鷹取山で四十年前、前田義則さん（五十五歳）が体験した話です。

当時、前田さんは横須賀市内の高校で山岳部に入っていました。

山岳部といっても高校生なので、夏に北アルプスや南アルプス、八ヶ岳などの中級コースを縦走し、それ以外には谷川岳・奥秩父・丹沢に登る程度でした。しかし夏に沢歩きで滝を上がるため、身近な鷹取山で岩登りの練習に励んでいたそうです。

練習は週末に行われました。土曜日の夕方、部員が鷹取山に集合してテントを張って一泊し、日曜日の早朝から三年生のリーダーが先頭に立って岩壁に挑戦。下級生は一本のザイルにつながれてさまざまなコースに取り付きました。

初夏のある日曜日、前田さんたち部員がザイルで岩壁を下りる練習をしていると、近くの高い岩場から岩登り中の男性が転落したのです。「人が落ちたぞ〜」という叫び声が聞こえ、ハイキング客がどっとそちらの方に駆け寄りました。

岩に打ちこんで体を支えるハーケンが抜けて、先頭を登っていた彼は谷底へ落ちました。うしろのメンバーがロープを握って確保していましたが、転落を支えきれなかったのです。

前田さんたち高校生も救助に向かうと、やがて深い谷底から転落した男性がザイルで引き上げられてきました。「茶屋の戸板を持ってこい！」と誰かが怒鳴《どな》り、店から借りた戸板に男性を乗せ、高校生たちも手伝って山道を下り、登山口まできた救急車に運びました。

遭難したのは、五名で練習に来ていた東京のとある山岳会のメンバーでした。

そして事故から二週間後、救助された人の家族と所属する山岳会の名前で、高校に礼状とお礼の品が届いたのです。残念ながら転落した男性は全身打撲で亡くなっていました。

しかし事故のあとも、前田さんたち高校生は鷹取山で岩登りの練習をつづけました。

土曜日の夕方になると、先発隊の一、二年生の部員がテントや炊事道具、岩登り用のザイル、ハーケンなど登攀《とうはん》道具一式を担いで集合。広場にテントを張って焚《た》き火を起こし、飯盒《はんごう》でご飯を炊きます。やがてご飯が炊けるころになると三年生が到着。

全員で一年生が作ったカレーライスを食べたあと、焚き火を囲んで『雪山讃歌』やフォークソングを歌い、十時ごろには寝袋にもぐりこむのが習慣でした。

それは、礼状が届いてから初めての練習の夜、蒸し暑い七月の夜のことです。

テントの入り口に寝ていた一年生が、真夜中の二時ごろ「ザクッ、ザクッ」という重い音に目が覚めました。誰かがテントのまわりをゆっくりと歩いています。聞こえてくる音はまぎれもなく、登山靴で歩く音でした。

彼は初めは夢の中のことのような気がして、ぼんやりと足音を聞いていました。ところが、その後も「ザクッ、ザクッ、ザック……」と、誰かが歩いている気配が消えません。

「こんな夜中に誰だ……」

死者の霊がお礼に来たという鷹取山

怖くなってきた彼が、思わず隣に寝ていた別の一年生をゆり起こそうとすると、彼が「なんだ、あの音？」とささやいたのです。その一年生もとっくに気づいていました。

すると、何人かの三年生が無言で起き上がりました。寝ていた九名全員が足音を聞いていたのです。それでもまだ「ザクッ、ザクッ」という重い足音がつづいていて、何者かがテントの周囲を歩いています。皆がじっと息を殺し、もう怖くて身じろぎもできません。

部員全員が青くなりましたが、そのうち、思い切って二人の三年生が懐中電灯を持って外に飛び出しました。空に月はなくあたりは真っ暗。すると同時に、スーッと足音が消えたのです。

「誰もいないぞ！」という、三年生の声に励まされた残りの部員が外に出てみると、暗闇の中、黒々とした岩壁がテントを見下ろしているだけで、周囲には人が歩き回ったような足跡もなく、誰もいなかったのです。

「聞いたろ、足音。確かに誰かが歩いていたよな。あれは重い登山靴の音だよ」

「でも、どうして足跡がないんだ……」

「あれだけ歩いたら、少しは靴の跡が残っているはずなのに、不思議だ」

すっかり目が覚めてしまった部員たちは、口々に言い合いました。そして、とてもそのまま眠る気にもならず、もう一度起こした焚き火を囲んで明け方まで外にいました。

翌日の月曜日、どうしてもこのことが気になった三年生のリーダーが、学校で山岳部の顧問の先生に話したところ、先生の言葉に前田さんたちはゾッとしました。

「ああ、それは戸板で運んであげた人がお礼に来たんだよ。山じゃよくある話さ」

四十代半ばの顧問の先生は、大学の山岳部で北アルプスの穂高や谷川岳の険しい岩場を登攀し、山の遭難をたくさん見てきた登山歴二十五年の山男でした。

そして先生が谷川岳での不思議な体験を聞かせてくれました。

——東京のある有名な山岳会に入って、月に一回は北アルプスや谷川岳の岩場を登っていた三十歳のときのことだよ。

四月に五名で登った谷川岳で、メンバーのKがクレバス（雪渓《せっけい》の割れ目）に落ちて亡くなった。クレバスの上に雪が積もっていて裂け目に気づかず、足を乗せてしまったんだ。普通は転落防止のためザイルで皆が体をつなぐんだけど、もう四月だからクレバスの上に雪はないだろうと油断して、ザイルで確保していなかったのが悪かった。

メンバーは落ちこんで、それから半年間は谷川岳には登れなかったよ。

夏、雪渓の雪がとけてから、会のベテランがザイルでクレバスの中に降りてKを捜したけど、結局、Kは見つけられなかった。

そして秋になり、そのときのメンバー四人で「Kの供養に登ろう」ということになり、彼が落ちたクレバスに花を投げこみ、好きだった日本酒を注いで全員で手を合わせた。

そのあと、半年前に五名で登る予定だった一ノ倉岳（一九七四メートル）を目指したんだ。ところが、クラシックルートの一の倉沢南稜を登攀して、谷川岳から一ノ倉岳へ縦走する尾根に出、尾根道を一ノ倉岳に向かっている途中のことだよ。突然濃いガス（霧）が出てきて、前を歩く人間の姿さえ見えなくなった。こんなガスは皆初めてで、そろそろと手探り状態。怖くて一歩進むのに必死だった。

するとその一メートル先も見えないガスの中、一番うしろを歩いてるメンバーのさらに後を誰かがついて来る。しんがりの仲間は縦走している登山者かな……と思ったそうだ。ふり返っても何も見えない、でも確かに誰かがついて来る。

「困ったときはお互いさま」と彼は思い、うしろを向いて「がんばりましょう」と声をかけたけど返事はなく、真っ白な霧だけ。しかし、間違いなく誰かがいる気配がする。

そして全員が必死で歩いていると、突然スーッと霧が消え、前方に目指す一ノ倉岳の頂上が見えた。「おお、晴れた」と皆が叫び、歓声を上げげたんだ。もちろん最後を歩いていた仲間も声を上げ、まわりを見渡した。

ところが、そこで彼は愕然とした。彼のうしろには誰もいなかったんだ。間違いなく自分のあとを歩いていたはずの登山者の姿がなかったからさ。

その夜、帰りの汽車の中でその話を聞いたメンバーの一人が、「Kだよ。Kも一緒に登ったんだよ」と言い、皆、口々に「きっとそうだ」「間違いない」と賛成した——。

先生の話を聞いたあと部員たちは、怖くて鷹取山にテントを張って泊まるのを止め、岩登りは日曜日の昼間だけとしました。すると、しばらくして顧問の先生が日曜日鷹取山に顔を出し、昼食のとき次のように教えてくれたのです。

「鷹取山のある追浜《おっぱま》の町に、雷神社《いかづち》という神社があるから、その社殿にお供えして祈願した塩を、テントのまわりに撒《ま》けばいいよ。たぶん雷神社は鷹取山の地主神さまだから、お願いすれば守ってくれるよ。できれば榊《さかき》もな」

霊魂や神道《しんとう》のことなど何も知らない元気盛りの高校生ですが、やっぱり霊は怖いので、先生が言ったとおりに部員全員で雷神社にお参りしました。そして、お清めしたたくさんの塩をテントのまわりにぐるりと撒き、四隅に榊を立てて結界を作ったところ、それからは深夜、誰も来なくなったそうです。

それ以来、この高校の山岳部では時々部員全員で神社に参拝して、岩登りの無事を祈願するのが習慣になりました。

前田さんからこの話を聞いた私が調べたところ、鷹取山は横須賀市の追浜という町の近くにあり、やはり雷神社は追浜の地主神さまでした。

平安時代に創建された古い神社で、名前のように降雨を祈る雨乞《あまご》いが神社の起源のようです。ご祭神は火雷命《ほのいかづちのみこと》で、社伝には次のようにあります。

――鷹取山の峰から突然ものすごい稲妻と雷鳴が響き、一二人の乙女たちがおこもりを続けている築島に落ちた――。

神前にお供えして祈願しただけの塩では、霊除けのご神力はあまりありませんが、お礼にきた霊だったのでよかったのでしょう。殺されたり、引き逃げされたような霊だと怨みの念が強いのでこれぐらいでは邪気を除くことはできません。

前田さんの話によれば、現在、鷹取山でのロッククライミングは禁止になり、前田さんがいた高校の山岳部も練習ができなくなってしまったそうです。

鷹取山の地主神さま、雷神社

奥秩父・大血川《おおちがわ》の呪われた言い伝え

奥秩父の旧大滝村に「九十九神社《つくもじんじゃ》」という小さな社《やしろ》が祀《まつ》られています。珍しい社名ですが、名前の由来を知れば誰でも思わず手を合わせるでしょう。しかし、今は神社を訪れる人影もなく、奥秩父の山懐でひっそり鎮座しています。

去年の六月、この神社を熱心な平将門《たいらのまさかど》ファン・高山明さん（三十八歳）が訪れました。彼は将門伝説が残る場所を歩いていますが、同じ将門ファンから「九十九神社を撮った写真に落武者のようなものが写っていた」という情報をもらいました。将門に関わる場所は霊の力が強いので、もしかしたら……と思い、やって来たのです。

＊＊＊

反逆のヒーローとして人気が高く、今でもその強い霊力を信じる人が多い平将門。

奥秩父の旧大滝村には、「将門が戦い敗れた最期《さいご》の地」という伝説に誘われて訪れる、高山さんのような将門ファンが少なくありません。

秩父には将門が朝廷軍と戦ったと言われる城峯山《じょうみねさん》、将門公の霊を弔《とむら》ったという城峯神社、桔梗塚《ききょうづか》、塚八幡社（将門八幡社）、大血川、九十九神社など多くの旧蹟が残っています。

――将門の愛妾桔梗《あいしょうききょう》は内通の罪で惨殺されたときに「桔梗絶えよ！」と絶叫し、以来、城峯山では桔梗の花が咲かない……などという伝説もあり、霊に敏感な人は引いてしまう土地。中でも不気味な言い伝えが残るのが、将門公の愛妾や部下など九十九人が自害した大血川。川は、七日七夜血で真っ赤に染まり、以後、大血川と呼ばれました。自害した将門公の愛妾たちの髪の毛が岩にからまり、川苔《かわごけ》になったと伝わっています。

そして、この血塗られた伝説が事実であることを今に伝えているのが、大血川に向いて建つ九十九神社。川を血に染めて自害した愛妾や家来たちの悲しい末路を憐れんで、村人たちがその霊を祀り、「連妃社《れんぴしゃ》」とも呼ばれる神社を建てました。

その証拠に、社の屋根には将門の家紋・九曜星《くようせい》を刻んだ煉瓦が載っているそうです。

関東各地には将門伝説が数多くありますが、その中でも大血川周辺に残る伝承は哀しく凄《せい》惨《さん》なものです。地元には「首切り場」という場所もあると伝わっています。

六月の日曜日、秩父鉄道とバスを利用してやって来た高山さんは、荒川に沿って走る国道一四〇号線の停留所でバスを降り、国道から脇道に入りました。するとほどなく荒川に合流する大血川が現れ、その大血川に沿った山あいの道を歩くこと五十分。

急な石段の参道を登ると、途中に建つ古い木の鳥居には「九十九神社」と書かれた扁額《へんがく》が掛かっていて、石段の上は生い茂った木々が日陰を作り、上がるにつれてじわじわと霊気に包まれるような気分になってきます。

やがて石段を上がりきると、山の斜面にひっそりとうずくまるように建つ社が現れました。祠《ほこら》の上に掲げられた扁額にも「九十九神社」とあります。

人気のない奥秩父の山中に哀しい伝説をまとって鎮まる祠は、何か気軽に近寄れないような雰囲気があって、ここなら霊が写っていてもおかしくありません。気のせいか、誰かがじっと見ているような視線を感じます。

高山さんは「何か、怖いなぁ……」と思いながらお参りして、将門公をはじめ、祀られている霊魂の安らかならんことを祈りました。そのあと祠のまわりを歩きながら写真を撮りましたが、デジタルカメラの画面に落武者のようなものは写っていません。

高山さんは少しほっとしながら、「ここは神を祀る神社というよりも、自害した人たちの想いを鎮《しず》めるための神社だ」と思いました。その証拠に、祠や鳥居は人々が自害した大血川

九十九人が自害した大血川に向いて建つ、奥秩父・九十九神社

に向いて建てられています。

将門公由来の神社は、一般的な日本神話や自然神を祀る神社と違い、将門公の霊魂を鎮めるためのもの。怨《うら》みながら亡くなった、将門公の霊を浄化するために創建されました。

その後、高山さんはしばらく休んでから帰路につきました。もと来た道をもどり、国道一四〇号線でバスに乗って秩父鉄道の三峰《みつみね》口駅まで向かったのです。

ところがバスの席に腰かけてしばらくすると、急に頭痛がしはじめたのです。初めは気にならなかったのが、少しずつ痛みがひどくなりました。それでも、がまんして秩父鉄道に乗ったころには、顔がゆがむほど痛み出しました。

「夏風邪をひいたかな」と考えても原因が思い当たりません。今までに、こんなに急なひどい頭痛は初めてです。それでも高山さんは痛みに耐えて、都内のマンションに帰りました。そして、家に着くとばったりベッドに倒れこんだのです。

心配した奥さんが買ってきた風邪薬を飲んでも痛みは治まらず、結局、翌日会社を休んだのです。しかし、午後から痛みが弱くなり、夜になるとスーッと消えました。

高山さんは、「心霊写真を撮るために神社へ行ったせいだ。不純な気持ちでお参りしたからかもしれない。やっぱり将門公は怖いな……」と思ったそうです。

千年の道、熊野古道の怖い出来事

世界遺産、紀州の熊野古道に気味の悪い言い伝えがあります。

一人で古道を歩いていると、昔、道で倒れて亡くなった死者の霊がとり憑《つ》く……というもので、地元では古くからよく知られた話です。

紀州の熊野は神話の時代から神々が御座《おわ》す土地とされ、「熊野三山」と総称される、熊野本宮大社《ほんぐうたいしゃ》、熊野速玉《はやたま》大社、熊野那智大社が厳《おごそ》かに鎮座しています。

熊野古道はこの三つの神社をめぐる道。観光ポスターにあるような千年の昔に開かれた苔むした山道が、杉の大木が立ち並ぶ薄暗い森の中をうねうねとつづいています。

平安時代には京都から天皇や貴族、武士、庶民までもが詣でました。その人々の参詣の様子が長い蟻《あり》の行列のように見えたことから、「蟻《あり》の熊野詣《くまのもうで》」と呼ばれたそうです。

次の出来事は、紀伊半島の新宮市《しんぐうし》に住む高橋君子さん（三十二歳）から聞いたものです。

新宮市は紀伊半島を流れる熊野川の舟運を利用した木材集積地の港町で、太平洋の熊野灘《くまのなだ》に面しています。最も多くの参詣人が歩いたとされる熊野参詣道・中辺路《なかへち》の最終地であり、伊勢から来る伊勢路の熊野本宮大社への入り口でもある地で、熊野速玉大社の門前町としても栄えた町でした。

その新宮で高橋さんの家は代々漁師として暮らしてきましたが、彼女は子どものころから祖父・吉雄さん（八十歳）に、熊野三山の話を聞かされたそうです。

今も元気な吉雄さんは熱心な熊野三山の信者で、毎朝、家族の中で真っ先に起きて神棚に祀《まつ》った熊野権現《ごんげん》のお水を替え、拍手《かしわで》を打って拝礼しています。

もちろん、若いころから熊野三山詣でをくり返し、何回も歩いた古道のことは手にとるようによく知っていました。

祖父が熱心に歩いた昭和二十〜三十年代は、古道を歩くのは修験者《しゅげんしゃ》か神道《しんとう》関係者、それに山歩きが好きなハイキング客だけでした。古道は今のように整備されておらず、草が茂り、石が転がり、倒木が道をふさぐ荒れ放題の状態。

＊＊＊

その祖父が熊野古道で怖い思いをしたのは、今から四十年前のことでした。

四十歳の働き盛りのとき、祖父は何回目かの参拝で四日間かけて、新宮市から那智大社を経て熊野本宮大社へ向かいました。祖父はいつものように白装束《しろしょうぞく》で、修験者が使う金剛杖を突いていたそうです。

熊野は「再生の地、甦《よみがえ》りの地」と言われますが、再生、甦るためには、いったん死ななければいけません。熊野は浄土の地であると見なされたので、熊野（＝浄土）に入るには、熊野詣は「葬送の作法」をもって行われました。そのため衣装も死装束でした。儀礼的に死んで甦るのが熊野詣でした。

祖父は無事、本宮大社にお参りし、家内安全・豊漁を祈願。古いご神札をお返しして、新しいご神札をいただき、爽やかな気持ちで帰路につきました。

死者の霊にとり憑かれたのは、その帰り道のことでした。

行き帰りとも「中辺路・大雲取越《おおぐもとりごえ》」と呼ばれる、古道の中でももっとも厳しい山中の道を往復しました。当時この道は、歩き慣れた人しか利用しません。

途中には、志半ばで力尽きて倒れた人々の霊を供養する「河原地蔵」という場所があり、苔むした地蔵がひっそりと並んでいます。

樹齢千年とも言われる杉の大木、ゴロゴロした石、苔むした昼なお暗い坂道……黙々と歩いていた祖父のズボンの裾を、突然、誰かが引っぱります。あれ、と思うと消え、五、六歩歩くとまた引っぱる。そして次の瞬間、下りの坂道でもないのに祖父は足がもつれて「わっ」と転んだのです。両手は汚れ、膝を強く打ちました。

古道で亡くなった人の霊がとり憑いて、引き止めたのです。言い伝えはほんとうでした。

祖父は「わわわわわわ〜〜わっ!」と叫び、思わず座りこんで手を合わせました。そして、持っていた日本酒の残りを夢中で地面に撒《ま》き、次に、右の人差し指で左の手の平に「米」の字を大きく書いて、それを前に突き出しました。

平安時代からこの道を多くの参拝者や僧侶、修験者、商人が通り、疲れや空腹で行き倒れています。熊野古道は死者の道でもあったのです。そんな死者の霊魂が引き止めるのでした。

千年以上もつづいている道には、思いを残して死んださまざまな霊魂がとどまり、ひっそりとうずくまっています。

数多くの霊の中には現世への執着心が強くて、どうしても神上《かむあ》がれず、死んだ場所で苦しみつづけて地縛霊《じばくれい》や浮遊霊となることもありました。

熊野古道が通る土地には、「霊にとり憑かれたときは、持っている食べ物を置いて逃げろ」という言い伝えがあり、もし食べ物がないときは、手の平に「米」と書いて見せろ、とされ

高橋さんの祖父・吉雄さんが霊にとり憑かれた、死者の道・熊野古道

ていました。空腹で亡くなった人の霊には、「米」の方がお経や祓詞《はらいことば》より効いたのでしょう。

高橋さんの祖父もそうやって必死に逃げました。幸い霊は追ってきません。

祖父は何回も熊野古道を歩いていますが、霊にとり憑かれたのはそれが初めてでした。

祖父は、「帰り道で疲れていたので転び、ズボンの裾のことも錯覚だったのかもしれない。でも、絶対そうとも言いきれず、迷信だとは思わない」と言っているそうです。

さらにつづけて、「イヤ〜な気分になったり、ゾクッとするような場所があり、霊がいてもおかしくないと思う」とも語っています。

祖父が熊野古道で出会った修験者は、「山で一番怖いのは、夜に自殺者の死体と野犬の群れに出会うことだ」と語ったそうで、熊野古道には、今でもたくさんの死霊や怖いものがさ迷っているようです。

奥秩父・三峰《みつみね》山中の落武者の村にいた少年

埼玉県の西に広がる秩父地方。ここは三峰山をはじめとする数多くの峰が連なり、今でもオオカミを「お狗《いぬ》さま」と崇《あが》める信仰が生きています。ジブリ映画『もののけ姫』で犬神が山を守って、邪悪な霊を追い払う話のモデルにもなりました。

平成二十六年（二〇一四年）、その秩父の三峯《みつみね》神社でとても不思議な事件が起きました。三峯神社奥宮へ参拝した帰りの山道で、ひとりの少年の姿が忽然《こつぜん》と消えたのです。事件と呼んでいいのか、出来事と言うべきか迷うところですが、これはやはり、「神域で起きた怪異」と呼ぶのが一番ふさわしいでしょう。

事件の内容に衝撃を受けた私は少年のお母さんと連絡をとり、さらには平成二十八年（二〇一六年）の暮れ、ご家族とお会いして詳しく話を伺いました。

以下、神域三峯神社で起きた、この神隠しのような怪異をお聞きください。

＊＊＊

平成二十六年（二〇一四年）九月一日の月曜日のことでした。

都内在住の幸田洋子さん（仮名）の親族五人はこの日、朝早くから三峯神社に詣でました。幸田さんは前から三峯神社の荘厳《そうごん》なたたずまいを尊敬し、三峰山にただよう神域の雰囲気に惹かれていました。何回か訪れていて、他の四人も初めてではありません。

この日に参拝したのは、毎月一日には特別な「氣のお守り」をいただけるからでした。白いこのお守りはとても人気で、授与開始の朝八時には境内は人で埋まります。

五人は本宮でお守りをいただいたあと、片道一時間半の山道をたどって奥宮へ参拝。三峰山・妙法が岳の頂上に鎮《しず》まる奥宮からの眺望は素晴らしく、疲れを忘れてしまいます。

メンバーは、学習塾を経営している幸田さんと大学二年生の長男、高校三年生の次男。幸田さんの二人の弟さんの五人で、無事、奥宮遥拝を終え一列になって山道を下山しました。

時間は三時ごろでしたが、まだ夏の日は高く、山中でも暑いぐらい。

先頭に幸田さんの弟さんが立ち、次に幸田さん。そのあとに次男、次に長男、最後がもう一人の弟さんでした。しかし途中で次男が二番目になるなど、互いに離れて山を下ったのです。

そして幸田さんたちが、途中に建つ鳥居の下で休みながらうしろの者を待っていると、高校三年生の次男の姿がありません。長男は「ゆっくり歩いてるんじゃないの。そのうち来るよ」と言いましたが、三十分経っても着かないのです。

それで、全員で下りてきた山道をまたもどりました。もしかすると、足をけがして動けなくなっているのかもしれません。あるいは花などを見つけて道を外れたか……次男のうしろを歩いていた長男は、「道の途中まで、信二は前を歩いていた」と言います。

四人は奥宮までもどり、大声で「信二！」と名前を呼びながら暗くなるまで必死に捜し、急な斜面を落ちた形跡がないかも調べました。

しかし結局見つからず、次男は三峰山の山中で忽然と消えたのです。

四人は神社の社務所に駆けこみ、助けを求めました。事態を知った宮司さんが話を聞いてくれ、翌日から神社関係者総出で捜すことになりました。

宮司さんは幸田さんを安心させるためか、

「以前にも、三峰山で道に迷った人がいたが、翌日元気で見つかったことがある。今回はまだ九月で暑いし、高校三年生の若者だから体力もあり、必ず無事だからだいじょうぶ。それに『氣のお守り』を身につけているから、三峰の神さまがお守りくださる。今夜は心配しないで休みなさい」と励ましてくれました。

少年が行方不明になった三峰山・三峯神社

その夜、宮司さんが次男の無事を祈って祈祷《きとう》をしてくれ、幸田さんは必死で三峯神社のご神霊に祈りました。その夜は四人で神社の宿坊に泊まり、翌日の捜索に備えました。

幸田さんは、次男が方向感覚に疎《うと》い子なので、何の気なしに入った林の中で方向を見失い、山をさ迷っているのではないか……と一晩中眠れなかったそうです。

そして翌二日の早朝から、神社挙げての捜索が行われました。

全員で手分けして、姿が見えていたという道の途中から下を「お～い、信二君、信二ー！」と次男の名前を呼びながら捜しました。道脇の林や足を滑らせそうな斜面を、重点的に捜索したのです。しかし、とうとう夕方になっても見つかりません。

それで社務所の人も、「これは大変だ」ということで、秩父警察の山岳救助隊に連絡したのでした。警察や消防の関係者が駆けつけて、本格的な捜索隊が組織されました。地元の人は昔から、秩父の山中で迷った登山者やハイキング客の捜索に慣れています。

三日目からは捜す範囲を広げ、滑り落ちそうな斜面のはるか下や、山道を遠く離れた場所まで捜索しました。次男はペットボトルの飲み物は持っていましたが、夏の軽装で、食べ物はありません。幸いよい天気がつづいています。

しかし三日目、四日目、そしてついに、五日目にも次男は発見されませんでした。さすがに、五日目でも見つからないので捜索隊にもあせりが出はじめ、幸田さんたちも疲れてきました。四人の胸に絶望的な不安が広がります。

すると、ついに五日目の夕方、警察や消防が捜索の打ち切りをほのめかしました。「五日も捜したのに発見できないのは、離れた場所に動いたのかもしれない」

しかし、幸田さんはあきらめませんでした。

九月初旬なので凍死することはなく、若い高校生なので体力があり、すぐ餓死することは考えられません。「けがをして動けず、必ずどこかの場所で救助を待っています……どうか捜索をつづけてください」と必死にたのみました。

というのも、幸田さんは四日目の夜、不思議な夢を見たからでした。そしてさらに、五日目には雲取山の上空に二匹の龍の形をした雲が現れ、虹がかかったのです。

心配で熟睡できない幸田さんがウトウトと浅い眠りに落ちたとき、夢に白装束《しろしょうぞく》姿の修験者《しゅげん》が現れ、大きな法螺貝《ほらがい》を空に向けて何回も吹いたのです。

夢から覚めた幸田さんは、三峰の山の神さまが現れて励ましてくれたのだと思いました。

それに龍の形の雲と虹です。この三つの不思議を幸田さんは偶然ではない、「次男は生きている」と、神さまが知らせてくれたのだと信じました。

そこで三峯神社の宮司さんに話したところ、その不思議にただならぬものを感じたのでしょう。宮司さんは警察の山岳救助隊に強くかけ合ってくれ、翌六日目の捜索が決まりました。

次男が失踪してから五日が過ぎていましたが、一昨年、奈良の山中で男性が二週間後に助けられたという事例がありました。

平成二十八年の十二月、奈良吉野の山中で険しい崖から滑落した五十代の男性が動けなくなり、水だけを飲んでしのぎ、発見されました。彼は島根県で土木部長をしている人で、山歩きには慣れていたそうです。夜は体をさすって温め、少し明るくなってから眠ったとか。NHKのニュースで報道されました。ですから、次男の場合も充分希望があったのです。

そして幸田さんが信じていたように、六日目の朝、次男は警察の山岳救助隊によって発見されました。ニュースは新聞にも載りましたが、未成年なので名前は伏せられました。

救助隊によれば、次男は谷間の木の根元にうずくまっていたそうです。「信二君？」と声をかけると、「はい」と答えました。なぜか、近くの岩の上に箸三膳とお母さんのセーター、三峯神社の「氣のお守り」が並べてありました。

やはり次男は、参道の急斜面で体のバランスを崩して谷間に落ち、じっと動かずそこにいたのです。けがをしなかったのが幸運でした。五日間食べていなかったのでやつれていましたが、それでも元気でした。五日間水を飲んでいたのがよかったようです。発見されたときは濡れた服を木にかけて干していました。

落ちた近くに禊《みそぎ》の滝があって、昼間その滝壺に入ったそうです。

ずっと同じ場所にいたのは、お母さんの幸田さんが心配したように、次男は方向感覚が弱かったのでどちらに行ったらいいかわからず、むやみに歩かなかったので体力が消耗せず、いい結果になったようです。

＊＊＊

しかし私は、あとから次男が家族にだけ語ったという話を聞いて衝撃を受けました。

――下に落ちたあと、何日か谷間の奥の村にいた。家は藁葺《わらぶ》き屋根で、家の中には囲炉裏《いろり》があり、火が燃えていた。囲炉裏にかけた鍋の、雑炊のようなものを食べさせてもらった。

不思議なのは男も女も無言だったのに、しゃべらなくても考えが通じたこと。そして皆、着物姿で、中にとてもきれいな若い女の人がいた。夜は囲炉裏のそばで寝た――。

そして次男が何日目かの昼に、村の外れの沢で水を飲んで帰ると村はなかったそうです。夢を見たのかと思い、発見された場所へ移動し、あとはずっとそこにいたというのです。

私はこの話を聞いて背筋が寒くなりました。

もしかしたら次男が出会ったのは、遠い昔、この奥秩父で亡くなった平将門《たいらのまさかど》一族の亡霊だったのではないか……村というのは、彼らが逃げてきて力尽きて亡くなった場所ではないか、あるいは、恨みを残したまま秩父の山中をただよっている彼らの浮遊霊だったのでは……と思いました。

次男は感性が鋭い、穢《けが》れていない少年だったので、霊が次男の心にするりと入ったのかもしれません。霊が心をゆるして姿を現したのでしょうか。感受性がすり減った大人では彼らを見ることができなかったでしょう。次男は秩父の将門伝説などは知りません。

次男がいたという村の話、幸田さんの夢に現れたという修験者、二匹の龍の形の雲、そして虹……。お狗《いぬ》さま信仰や将門一族の哀しい言い伝えがあって、山が深く、神域という雰囲気がただよう奥秩父。この土地だったからこそ、神にかしずいて生きる私には、次男が語ったことはあながち作り話や幻だとも思えないのです。

〈著者略歴〉
三浦利規（みうら としのり）
秋田県伊豆山神社宮司
1954年秋田県生まれ。明治大学文学部史学地理学科卒業。
伊豆山神社禰宜を経て、1988年伊豆山神社宮司に就任。神社本庁評議員。秋田県神社庁協議員。ブログやフェイスブックで神社の紹介や、日本全国の神社を訪ねる旅の記録をやさしい言葉で楽しく発信している。電子書籍『おとなの神社旅』、英語による解説本『Kyoto's Top 5 Shrines』が発売中。

伊豆山神社サイト◆ https://www.izu.or.jp/
伊豆山神社統合サイト◆ https://miuratoshinori.com/
伊豆山神社インスタグラム◆https://www.instagram.com/izusan_shrine/
フェイスブック◆ www.facebook.com/toshinori.miura1
おとなの神社旅サイト◆ http://jinjyatabi.com/

神恐《かみおそ》ろしや
宮司が語る、神社をめぐる不思議な話

2018年6月19日　第1版第1刷発行

著　者　三浦利規
発行者　後藤淳一
発行所　株式会社ＰＨＰ研究所
東京本部　〒135-8137 江東区豊洲 5-6-52
第三制作部人生教養課☎03-3520-9614（編集）
普及部☎03-3520-9630（販売）
京都本部　〒601-8411 京都市南区西九条北ノ内町11
PHP INTERFACE　https://www.php.co.jp/

制作協力
組　版　有限会社ノンデルン & Nobuyasu Yao

印刷所
製本所　共同印刷株式会社

ISBN978-4-569-84015-4